JN077618

オフィスの業務改善100の法則

100 Tips For Improving Your Business Process

ミスをなくし、仕事を見える化する方法

コンサルソーシング株式会社
松井順一／佐久間陽子
Junichi matsui / Yoko Sakuma

日本能率協会マネジメントセンター

はじめに

　働き方改革、新型コロナによる在宅勤務の浸透などによって、今までの仕事の仕方や管理方法が通用しなくなっています。仕事に対する考え方が根本から変わりつつあるなか、私たちは、はたしてどこまで自分の仕事の意味や価値を認識しているのでしょうか。仕事の価値に対する認識が変わるだけで、仕事の中で重要と思ったりするものがまったく違ったものに見えてきます。

　オフィスの業務改善では、まずはこの仕事の意味や価値を考えることが大事です。いかに早く正確に仕事を処理するかという方法を考える前に、「この仕事の価値は何であるのか」「自分の役割は何であるのか」を見つめ直し、それを実現する手段を考えていくことがオフィスの業務改善です。

　仕事の価値を見出すためには、価値のない仕事をやめればいいのです。やめてみて、残った仕事が価値のある仕事です。まずは、価値がないとされる仕事をやめてみましょう。それで問題がなければ、それは「ムダ」な仕事だったのです。

　つまり、オフィスの業務改善は仕事のムダを追究することなのです。ムダな仕事をやめてみて、そこから真の仕事の意味に気づいて、より良い仕事を実現していきましょう。

2020年8月

コンサルソーシング株式会社

オフィスの業務改善100の法則　◎目次

第2章 ダンドリと仕事の手順の改善

第3章 情報共有効率化への改善

第4章 ミスが起きない仕事への改善

第5章 **やる気が起きる気持ちへの改善**

第1章

日業業務の
仕事の改善

習慣化しているムダな仕事の見極め方とスピード化のための改善手法㉛

目的が書き出せない作業は、やめてもいい仕事である

●仕事の目的を考える

　仕事には必ず目的があります。しかし、ふだん、その目的を認識して仕事に取り組んでいるでしょうか。日々の仕事に追われる中で、目の前の仕事をこなすことばかりに意識がいっているのではないでしょうか。ある目的を達成する活動が仕事ですから、目的がない、またはそれが明確でない仕事に人や時間を投入することは、極端に言えば、どうでもよいことを行っていることになり、ヒト・モノ・カネ・情報などリソース（仕事の資源）の浪費です。つまり、**目的がない仕事を行うこと自体がムダ**なのです。

●日々の仕事を作業単位でカード化してみる

　目的がない仕事のムダに気づくためには、仕事の目的を明確にする必要があります。大きな仕事の単位ではムダは見えにくいので、仕事を作業単位に分解し、作業ごとに目的を明らかにします。作業の目的を明らかにするとき、自分にとってのやりやすさや都合のよさと混同しがちです。それを避けるために、「この作業にはどんな意味があるのか？」を意識すると、仕事そのものの目的が見えやすくなります。

　そして、**日々の仕事を作業単位でカード化し、そこに作業の目的を書き出します**。「営業日報＝進捗の共有」のようにシンプルにワンフレーズで表現することでより明確になり、同じ目的を職場内で共有できるようになります。

●目的が書けない作業は今すぐやめよう

　目的が書けない作業は目的がない、あるいは目的が明確でない作業であり、その作業自体の必要性が疑わしいことになります。ですから、それ自体をやめることを検討してみてください。

　単純にやめられるものは今すぐやめてみてください。やり方やプロセスを変える必要があるものは、最初から完成度の高いやり方を目指す必要はありませんので、少し変えた案で実行してみて問題があれば変更するということを繰り返して、より良いものを目指してください。

●目的の明確化＝生産性の向上

　ムダな作業をやめることができれば、仕事の生産性向上に貢献し、**その分の人や時間などのリソースを重要な仕事に投入できる**ようになります。

　また、目的を明確にすること自体が日々の仕事の中でスタッフ一人ひとりが自分の仕事について考える機会になり、改善を生む土壌をつくることにつながります。

具体的行動

　目的のない作業は速やかに廃止し、その分のリソースを重要な仕事に振りかえる。

慣習をやめてみると、ムダな仕事がわかる

●在宅勤務でわかった慣習のムダ

　在宅勤務やリモート会議が行われるようになって、通勤しなくても仕事ができることに気づかれた方も多いのではないでしょうか。こうした事態にならないと、日々の業務が支障なく遂行できている職場では、それまでの慣習を何の疑問もなく続けることになります。職場の慣習が当たり前になりすぎると、そこで働く人は誰もが現状をより良く変えることに意識が働かなくなります。

　ここで少し意識を変えて、これまで常識と思ってきた業務の進め方や職場のルールを見直してみると、より効率化できたり負担軽減できることもあるかもしれません。より働きやすい職場をつくるうえで慣習を見直し、改善できることがあれば迷わず実行していきましょう。

　そこでまず、職場の慣習を洗い出し、「**なぜ、今、そうする必要があるのか**」「**その目的は何か**」「**そうなっていないと起こる不都合は何か**」を明らかにします。これらにはっきりと答えられないものは見直しの対象とし、改善または廃止します。

　これまで当然と思うことを一旦やめてみることも、ムダな慣習を見直すために有効な方法です。

[　**職場の慣習のムダ取りの手順**　]

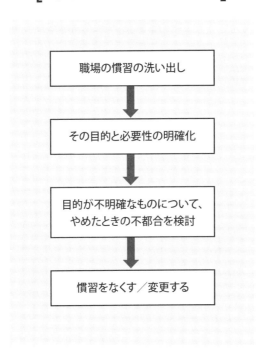

職場の慣習の洗い出し

↓

その目的と必要性の明確化

↓

目的が不明確なものについて、
やめたときの不都合を検討

↓

慣習をなくす／変更する

仕事の断捨離をしてみると、ムダだった時間を有効な仕事に振り向けることができるようになる。

具体的行動

　職場の慣習的な業務の進め方やルールについて、「その必要性・目的・やめたときの不都合」の視点で見直してみる。

慣習により続けている仕事②

思い切ってやめることで、これまでの不備が見える

●業務改善は仕事力の成長になる

　市場や顧客の要求の変化、技術の進歩、商品・サービスの進化に対応して、私たち自身も成長していかなければなりません。

　しかし、人は今まで慣れ親しんだやり方を変えることに抵抗感を抱きます。実績があればなおさらのこと、これまでのやり方を変えたがりません。ただ、同じやり方にこだわっていると改善すべきことが見えてこず、その業務には習熟できてもより良い仕事スタイルへの成長のチャンスを見逃すことになります。

　その意識を変えるには、まずは思い切ってやめてしまうことです。**やめてみることで良い面や悪い面が見えてきます。**そして良い面は活かし、悪い面は改善していきます。これを繰り返すことによって、その作業の意味や価値が明確になり、仕事のムダがよく見えるようになります。

　新型コロナウイルスの影響で在宅勤務が日本にも定着してきそうですが、このことに象徴されるように新しいことへの対応はやってみなければその良しあしは判断できません。

　仕事のムダを省き、より良い仕事環境に変えていく業務改善は**「まずはやめてみる」**という姿勢がとても重要です。

［　ムダな業務をやめるスタンス　］

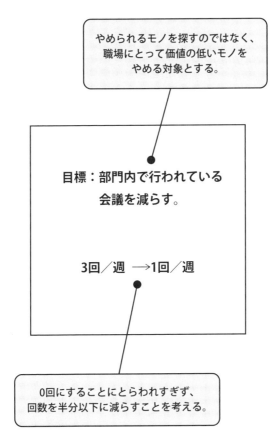

やめられるモノを探すのではなく、
職場にとって価値の低いモノを
やめる対象とする。

目標：部門内で行われている
会議を減らす。

3回／週 →1回／週

0回にすることにとらわれすぎず、
回数を半分以下に減らすことを考える。

具体的行動

　職場内で慣習になっていることを洗い出し、続けている意味がなければ思い切ってやめてみる。

中堅・ベテランだけでなく、新人の視点も重視する

●社内の物差しではなく、一般的な感覚から業務を見直す

　改善活動は職場内の全員の共同作業です。しかし、職場の業務がわかっていなければ改善の芽は見つけられないとして、経験の浅い新人やパート社員などは改善メンバーに入れない職場があるようです。

　確かに、中堅以上やベテランになれば担当業務に精通していますが、毎日の仕事が習慣化することからくる"慣れ"で、ちょっとした異常に気づかなくなることがあります。それが新人などであれば社内の物差しではなく、一般的な感覚で業務や社内の制度を見るので、会社の常識が世間からズレていたりするとまっさらな視点からよくわかるのです。実は、この**一般的な感覚の視点が改善活動にとって、とても重要**になってきます。

　そこで、新人やパート社員なども含めた職場内の全員が日々の業務で疑問を感じていることについて遠慮なく提案できる場づくりのために「**改善課題進行管理ボード**」を活用してみましょう。これは、疑問点などの気づきを1枚のふせんに書いてボードに貼り付けます。それをもとに、課題の原因を共有し、改善案を検討して、課題解決を実行します。

〔　改善課題進行管理ボード　〕

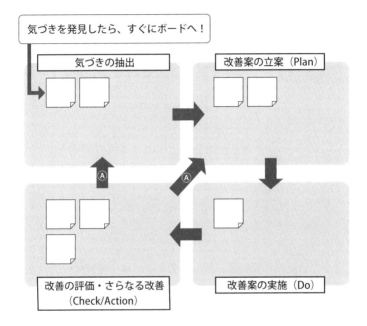

気づきを発見したら、すぐにボードへ！

気づきの抽出

改善案の立案（Plan）

改善の評価・さらなる改善
（Check/Action）

改善案の実施（Do）

Ⓐ：Action（さらなる改善）

《課題カード》
発見日：202X年11月25日
発見者：浜崎あみ
内　容：詳細な議事録のムダ
対　策：
実　行：

具体的行動

　新人からベテラン、正社員非正社員も含めた職場内の全メンバーを対象に、改善のための提案制度を設ける。

重要度と緊急度の分別で、仕事の分布が整理できる

●重要・緊急の見える化ツールを使う

　職場では、「重要度が高く、緊急度も高い仕事」に追われて、本来業務に手がまわっていない場合があります。職場の現状を認識し、問題を発見し、課題解決を図るために、仕事の重要度・緊急度を見える化することが必要です。

　仕事の重要度・緊急度を見える化するには「重緊マップ」を使うといいでしょう。これは、縦軸に重要度を、横軸に緊急度を取り、4象限をつくります。そして仕事をカード化し、職場内で決めた判断基準に従って4象限にそのカードを配置し、チームとしての仕事の重要度・緊急度を明確にします。

　仕事の分布は「重要度は高いが、緊急度は低い仕事」が多いのが理想です。「重要度が高く、緊急度も高い仕事」が多いと、本来業務が後手に回ることになります。「重要度は低いが、緊急度が高い仕事」が多いと、標準化して仕組み化するなどの改善ができていないということです。「重要度が低く、緊急度も低い仕事」はやらなくてもよい仕事が計画されていることになります。仕事の分布を明らかにして、真に行うべき仕事、やめるべき仕事を明らかにすることが仕事の効率化につながります。

[　重緊マップ　]

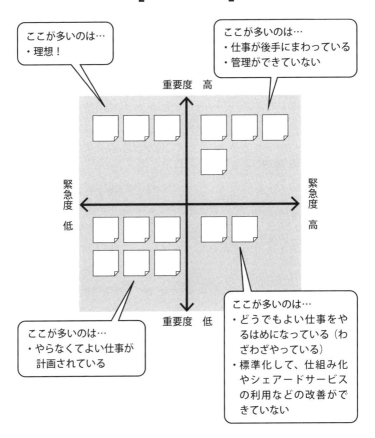

ここが多いのは…
・理想！

ここが多いのは…
・仕事が後手にまわっている
・管理ができていない

重要度　高

緊急度　低

緊急度　高

重要度　低

ここが多いのは…
・やらなくてよい仕事が
　計画されている

ここが多いのは…
・どうでもよい仕事をや
　るはめになっている（わ
　ざわざやっている）
・標準化して、仕組み化
　やシェアードサービス
　の利用などの改善がで
　きていない

具体的行動

　職場内の仕事を「重緊マップ」を使って整理し、真にやるべき仕事とやめるべき仕事を分類する。

残業チケットの活用で、仕事の効率が上がっていく

●サービス残業がなくならない!?

　働き方改革により、残業への世間の見方が厳しくなるなか、それでもサービス残業はなかなかなくならないとの話を聞くことがあります。仕事には予期せぬ突発的な案件が生じたりして、常に定時に終了できるとは限りませんが、それでも個人の判断でサービス残業を行っていては、本当の仕事時間の現状が見えず、改善への取り組みの障壁になったり、コスト面でもムダとなります。

●「残業チケット」と「残業カレンダー」の活用

　正当に**残業を削減するには、職場全体の残業時間枠を決める**ことから始めます。そして、前年同月を参照して削減率を算出し、1か月の残業時間の枠を決めてから、「残業チケット」を活用して運用します。「残業チケット」とは1枚1時間など、残業時間に応じて職場内で通用させるチケットのことです。

　次いで、週のはじめに1週間分の業務の見通しを立て、残業が必要だと思われる曜日に、壁掛けの月間カレンダーなどを代用して「残業カレンダー」を掲出し、残業予定時間分の残業チケットをそこに貼り出します。

　こうして「1週間の残業時間予定」「実績の小計」「1か月の残業時間残」を職場内で見える化しておくことで、計画的な仕事の進め方と残業しない組織風土をつくります。

[**残業チケットと残業カレンダー**]

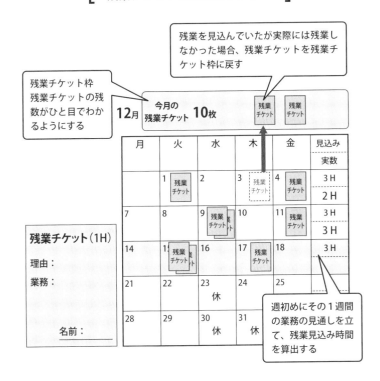

　職場内の残業時間の枠を決め、「残業チケット」と「残業カレンダー」を活用して、ムダな仕事をなくしていく。

色別タスクカードで、
取り組み状況が共有できる

●タスクを色別のカードにする

　職場において、通常業務の担当はわかっていても、誰が、いま、何をしているのかがわからないことがよくあります。定例業務をしている人は大きな問題もなく通常のペースで仕事をしていて他の人の応援ができるかもしれません。突発業務にあたっている人は調整に追われるなどして、気持ちがあせってミスや抜け漏れを発生させるかもしれません。病欠などで休みの人の穴埋めをしている人は不慣れなため、調べたりしながら処理に時間がかかり、残業を覚悟しているかもしれません。

　この事態に対処するには、現在の業務（タスク）の種別の分布や割合を把握し、問題があれば手を打つことで、偏り防止ができるように業務の種別の見える化をします。

　これには「**色別タスクカード**」という、現在の業務の種別の分布がわかるようにするために色で認識する見える化ツールを使います。具体的には、業務の種別によってタスクカードの色を分け、管理ボードなどに貼り付けます。こうすることで、業務の分布と実際の取り組み状況がリアルタイムで把握できるようになります。

[色別タスクカード]

	作業待ち	作業中	保留	完了
木下	▢▢▢▢	▢	▢	▢▢▢
吉田	▢▢▢▢	▢		▢
病欠 寺崎				
中野	▢▢	▢		▢▢▢

▢…定例業務　　▢…突発業務　　▢…穴埋め業務　　▢…会議・MTG

リアルタイムで、実際の業務の分布と職場の状況を把握し、異常・問題があれば手を打つ。

具体的行動

　職場内の業務を「定例業務」「突発業務」「穴埋め業務」など、それぞれを色別のカードに分類してみる。

作業負荷の見える化で、仕事の偏在が是正できる

●仕事の偏りがわかる「担当者別タスク管理」

　メンバー個々には能力の違いがあるのが普通ですが、それにより職場の作業能力に偏りが生じたりします。人の能力はそれぞれに違うのでその人なりのパフォーマンスを発揮すれば問題はありませんが、実務能力が高い人に仕事が集中して過負荷になったり、できる人に仕事が偏ることでそれ以外の人が経験による能力開発の機会が失われるとすれば、組織にとっても個人にとっても問題です。できる人に仕事が集中する職場は、メンバー個々の能力を管理者が把握できていないことが原因かもしれません。

　そこで仕事の偏りの有無を明らかにするには、前項の「色別タスクカード」を応用した「担当者別タスク管理」を行います。

　これはタスクカードを担当者別に貼り出し、本日中に行う業務、現在作業中の業務、保留中の業務、作業完了業務がわかるようにします。

　これによってメンバー個々の負荷が一目瞭然となり、1か月単位などで区切って完了カードを見直すことで、誰がどの時期に何の仕事で忙しいのか、職場の繁閑の実態が明らかになります。そこから課題を抽出して、平準化、組織能力の最適化を図ります。

[　担当者別タスク管理　]

	作業待ち	作業中	保留	完了
河野	B業務	B業務	D業務	B業務
寺内	A業務	C業務		C業務
坂井	B業務	A業務		B業務
今村	A業務	A業務		A業務

河野

河野は順調に作業完了させている。

寺内

寺内はややスタートに遅れている。

坂井

坂井は完了までに時間がかかりすぎている。

今村

今村は定例業務が多いので、早めに作業が
完了できている。

具体的行動

　タスクカードを用意し、担当者別に作業の進捗状況がわかるように
担当者別に管理を行う。

一個流しにすることで、作業完了が早まる

●同時並行は早いようでいて遅い現実

　いくつもの仕事を並行して行うとき、同時にやることで効率的に進んでいるように感じます。しかし、実際はトータルで要する工数は変わらず、業務ごとの完了時間は逆に長くなります。そして、作業中に問題が発生した場合、仕掛かり中のすべての業務が停止してしまいます。未着手であれば他者が代わりに行うこともできますが、仕掛かり中の業務は引き継ぎ時間を要します。そこでこうしたときには、業務がどのように流されているかを見えるようにして仕掛かり中の作業を減らし、完了時間の短縮や問題発生時の対応をスムーズにすることです。

　そのためには「**一個流しボード**」を使い、そのボード上に「処理中」の欄をつくることです。「処理中」の欄とは、「処理待ち」から取り出し、作業に着手したタスクカードを貼っておく欄のことで、「処理待ち」と「完了」の間につくられます。作業に着手したタスクカードはその欄にすべて貼ることで、現在同時にいくつの作業が行われているかが見えるようになります。

　この「処理中」の欄に貼られるタスクカードを1枚にして、1つ1つの作業を終わらせながら仕事を流していきます。

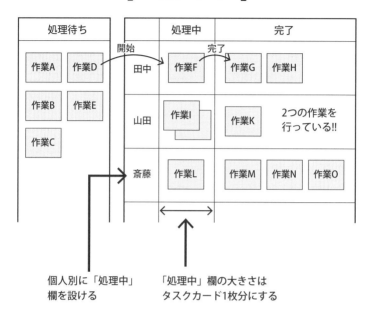

[　一個流しボード　]

個人別に「処理中」
欄を設ける

「処理中」欄の大きさは
タスクカード1枚分にする

経営の神様のドラッカーも言っている。「企画など考える仕事やプロジェクティブな仕事は大きなまとまった時間の中で行われなければ何の役にも立たない」と。

具体的行動

　同時並行的に行う作業が効率的かどうかを検証したうえで、「一個流しストア」の活用を検討する。

バランスラインで、
仕事の変動対応ができる

●仕事の負荷をバランスさせる見える化ツール

　日々の仕事は急に忙しくなったり逆に手待ちになったりというように、繁閑の差が生じることがあります。人員や機械などをそのつど対応させることはなかなかできませんが、仕事の負荷と処理能力のバランスの変化がわかれば、事前に対策を練ることができます。

　そうしたときには、「**バランスライン**」を使います。バランスラインとは、**作業の発生スピード（負荷）と作業の終了スピード（処理能力）を一目で見えるようにしたもの**です。

　これは、業務別の作業状況が確認できる表の作業待ち欄に標準の待ち量を決めて、その数の分のタスクカードが置けるスペースをとって線（バランスライン）を引きます。作業が発生したら、まずバランスライン内をタスクカードで埋め、入らなくなったらラインの外に貼ります。バランスラインを超えてカードが溜まり始めれば、負荷が処理能力を上回っていることがわかるので対策を考えます。

　逆に、バランスライン内に空きがあれば、処理能力に余裕があることになるので、その余力を他の業務へ回すことを考えます。

[バランスライン]

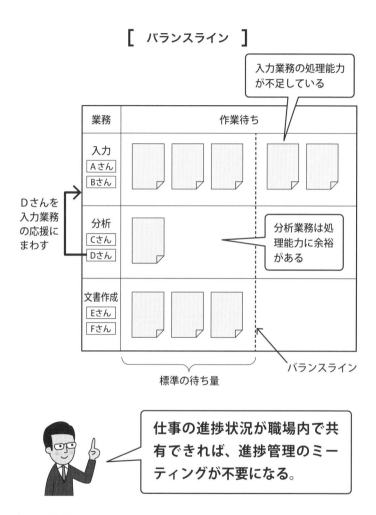

入力業務の処理能力が不足している

業務	作業待ち

入力
Aさん
Bさん

Dさんを入力業務の応援にまわす

分析
Cさん
Dさん

分析業務は処理能力に余裕がある

文書作成
Eさん
Fさん

バランスライン

標準の待ち量

仕事の進捗状況が職場内で共有できれば、進捗管理のミーティングが不要になる。

具体的行動

　業務ごとに必要な処理能力を明確にするために、「作業待ち」の欄にタスクカードを貼り出してみる。

相互のスキル共有で、職場の生産性が上がる

●1人ひとりのスキルを適材適所で活用する

　職場のメンバーの業務遂行能力を一定レベルに平準化することは重要ですが、全員が同じ能力を持つことは現実的ではありません。新人もいれば、ベテランもいます。数字に強い人もいれば、弱い人もいます。

　職場は得手不得手、経験の有無なども含めてさまざまな能力を持った人たちの集まりです。その能力を適材適所に配して、みんなの能力を最大限に組み合わせ、足りない能力は補わなければなりません。そのためには、**誰がどのような能力を持っているかを見える化**します。

　それを可能にするのが、「**スキルマップ**」です。これは、**その職場の仕事に必要な能力（スキル）を誰がどのくらい有しているか、マトリックス図に示してわかるようにしたもの**です。

　スキルマップを職場で共有することで、どの分野の能力を高めていくべきか、そのためには誰にどの領域の知識と経験が必要なのかが具体的にわかります。お互いの能力が見えることで、このことについては○○さんに聞けばいいと知識の共有化も行え、生産性の高い職場に改善されていきます。

[作業手順書整備のスキルマップ]

その作業スキルを習得している
人にチェック

作業スキル項目	手順書	田中	山田	斎藤	中村
診療科目DB メンテナンス	●	●			
カルテ入力画面 パール修正		●			
レセプト照会 科目知識	●	●		●	
…	●	●	♡	☺	●
…			●		
…			●		
…	●		●	●	
				●	
…	●				●

能力の有無は、指導できるレベルにあるかどうかもわかるようにして指導者が誰であるかを明確にする

その作業スキルの教育指導者にチェック

その作業スキルの教育を受ける必要者にチェック

手順書がない作業はスキル依存度が高いので、手順書を作成して依存度を下げる

具体的行動

　職場のメンバーが持つスキルを「スキルマップ」上に記して共有し、相互のスキルが有効活用できるようにする。

仕事の実態を調べることで、ムダは発見できる

●業務単位の仕事の割合からムダを発見する

仕事を、本来業務である「フロントオフィス業務」、管理・調整・手配などの「ミドルオフィス業務」、繰り返し性のある定型業務の「バックオフィス業務」に分けると、ミドルオフィス業務はプロセスが多段階にわたり複数部門をまたぐほど増えていく傾向にあります。

ある会社でその割合を調べてみると、フロントオフィス業務が15%、ミドルオフィス業務が65%、バックオフィス業務が20%でした。ミドルオフィス業務である調整に時間がかかり過ぎ、本来業務に手が回らなくなってくることがわかります。

●ムダをチャート図などで見える化する

こうしたとき、**ミドルオフィス業務について、たとえばプロセス間や部門間の調整作業の洗い出しを行い、その実態がわかるようにプロセスチャートや業務フローを作成して見える化します。**

こうしてムダを洗い出し、調整作業のスリム化をすることで生産性が向上します。その積み重ねができれば、本来業務に時間と人を投入することができます。

[ミドルオフィス業務プロセスチャート]

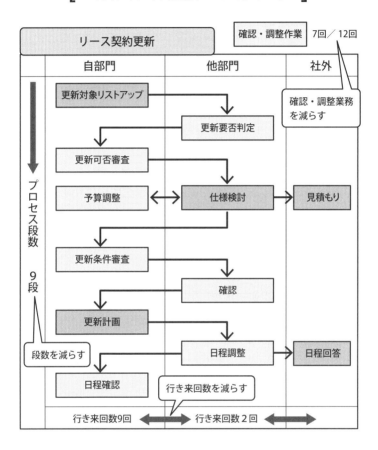

具体的行動

　業務単位での仕事の割合を調べ、本来業務に時間が投入できるようにムダを排除する。

顧客が見えれば、仕事に意味を見出せる

●顧客が見えないと自分本位の仕事になる

顧客と直接接することのない業務に携わる人は、会社としての顧客は知っているものの、直接顧客と接点を持つ営業などとは違い、少し距離感を持って顧客を見ることになります。

社内業務の場合、後工程になる部署の人たちが顧客という考え方もあり、その連鎖の先がエンドユーザーの顧客となるので、顧客とのつながりは持っているということは言えるものの、やはり顧客の実像はなかなかつかみにくいものではないでしょうか。

このように、顧客が実感としてわからないまま、顧客にとって良かれと思いながらも自分たち本位で仕事をしていると、顧客の求めるものとズレた、ムダな仕事になっている恐れがあります。

●自分の後工程をよく知る

このムダを防ぐには、自分の仕事の後工程は何か、自分の仕事の顧客に相当するのは誰なのかを改めて考えてみることです。

仮に後工程から何らかの要望やクレームなどがあれば、それが「顧客からのニーズ」であり、そのニーズを素直に受け止めることがムダの未然防止の第一歩になります。また、後工程からの

ニーズを待ち受けるだけではなく、**自らニーズをつかみにいく姿勢がムダの未然防止に貢献する仕事になります。**

「**顧客からのニーズ**」は**自分本位の仕事**になりがちな人にとって、改善のヒントの宝庫です。要望やクレームを積極的に聞き出し迅速に対処すれば、顧客の望むサービスが提供できます。

この状態が職場で共有できれば、メンバーが自主的に同じ方向に向かって仕事をするようになります。

［　対象によって変わる顧客の定義　］

自職場	直接顧客	最終顧客
営業事務課	医療システム営業課 税法務営業課 流通営業課	医療機関 税法務関連事務所 流通商社・卸業者
〈自分たちの価値〉 スムーズな営業事務処理 ・短いリードタイムでの処理 ・ミスのない事務処理 ・営業工数削減	〈顧客への便益〉 スムーズな営業事務処理により ・営業活動リードタイムの短縮 ・漏れ・遅れのない契約 ・本業の営業活動への注力	〈顧客への便益〉 信頼して任せられる安心感 ・タイミングの良い投資判断 ・漏れ・遅れのない契約 ・本業のシステム購買への注力

具体的行動

　自分の仕事のアウトプットを提供する相手は誰でどんな仕事をしているのかを把握する。

判断基準を共有すると、仕事の品質が安定する

●判断基準の共有がもたらすメリット

判断基準が人によって変わることで、チームとして提供する仕事の品質にバラツキが生じ、外部からのクレームややり直しが起きたりするなどの問題が発生することがあります。

そうした事態を防ぐには、**同じ仕事の担当者で、その仕事の目的とアウトプットを確認し共有**します。

次に、仕事のプロセスを洗い出し、判断が必要なプロセスをピックアップします。

そして、通常、何を基準として判断しているのかを話し合います。同じ仕事について話すことで、人による判断や基準の違いがあることについて、その内容をお互いに認識します。

お互いの判断基準が異なっている場合は、なぜそう思うのかなど考え方を話し合ったり、会社のルールを確認したりして、基準を決め共有します。担当者間での認識が揃ったら、チーム内で話し合ったり、管理者に確認してもらったりしてチームとしての共通認識を持つようにします。これにより共有した共通の判断基準を業務手順書などに反映させ、仕事の標準化を行います。**仕事の標準化は品質の安定を実現**させることにつながります。

[　認識のすり合わせと共有　]

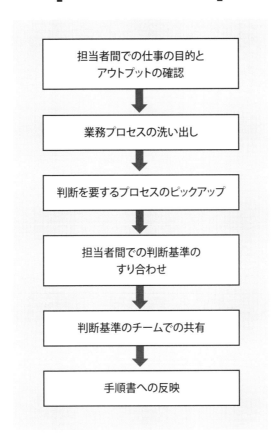

担当者間での仕事の目的と
アウトプットの確認

業務プロセスの洗い出し

判断を要するプロセスのピックアップ

担当者間での判断基準の
すり合わせ

判断基準のチームでの共有

手順書への反映

具体的行動

　発注や購買など職場内で判断を要するものをピックアップし、QCD
（品質、コスト、納期）など決裁等の判断基準をすり合わせて共有する。

非正味作業をなくすと、正味作業の時間が増える

●「正味作業」と「非正味作業」とは

顧客または後工程のために価値を生み出したり提供したりする作業を「正味作業」と言い、反対に直接的に価値を生んだり提供したりはせず、正味作業のサポートやそのための準備・確認・調整などの付帯的な作業を「非正味作業」と言います。

営業・開発・事務などの仕事を1日どれくらい行っていたかを筆者自身が調査したところ、正味作業の比率は30%から多くても60%くらいという結果でした。つまり、1日の労働時間のうち、およそ半分ほどが付帯的な打ち合わせや確認などに費やされていたことになります。

●非正味作業に焦点を当てる

これを改善するには正味作業の効率化や自動化になりがちですが、**逆に非正味作業を少なくして、その時間を正味作業に振り向ける**という改善策もあります。

そこで、職場内で正味と非正味の区分の基準をつくり、その基準に照らして、自分たちの仕事の正味と非正味の割合を調べてみることをおすすめします。会議や打ち合わせなどの時間、ミスや

トラブル対応の時間などが多ければ、そこには時間を費やさざるを得ない問題が山積しているということです。

　こうした非正味作業のうち、**もっとも時間を奪われているものについては、「なくすための改善案」**を考えます。このとき、「早く処理する」「効率化する」というのではなく、「やめる」「なくす」という前提で取り組むことで根治的改善を促します。

〔　正味・非正味区分表　〕

正味	非正味
考え方	**考え方**
・顧客に対して直接的に価値を提供している本業としての仕事	・組織運営上必要なコミュニケーション、監視、管理の仕事
・本業の品質・コスト・納期を直接左右する影響力の大きい支援的な仕事	・管理まずさやミスなどから発生した付帯的な仕事またはフォロー仕事
・遵法性、社会性に関わる仕事	・慣例による仕事
事例	**事例**
・営業での顧客へのヒアリング	・ヒアリング結果の報告会
・提案書作成と提案	・提案書の検討会議
・商品の企画・設計・評価	・提案書や企画書の修正・やり直し
・顧客問合せ対応、サポートディスク	・同一顧客からの再問合せ
・契約書作成・締結	・契約書の変更
・請求・支払い	・過払い処理

具体的行動

　職場内の「正味作業」と「非正味作業」の時間を調査し、「非正味作業の時間」を「正味作業の時間」に振り替える改善を行う。

顧客に価値がない作業は、自分にとっても価値がない

●顧客にとってムダとなる作業を改善する

　組織にとっても顧客にとってもムダだとわかれば、それは即刻排除の対象です。ムダは価値の反対とも言い換えられます。顧客にとってのムダがわからなければ、顧客に対して付加価値のある提案はできません。顧客に価値を提供していない仕事をし続けることは、顧客だけでなく自社にも付加価値がない、ムダな仕事を続けているだけです。

　そこで、まずは**自分たちにとって顧客が誰であるのかを改めて定義**します。最終的な顧客はエンドユーザーになりますが、ここでは自分たちが仕事を通じて直接何らかの便益を提供している対象を顧客として考えます。

　次に、現在行っている仕事を書き出し、組織としての仕事の目的とアウトプットを書き出します。**その目的とアウトプットが顧客に対してどのような価値を提供しているかを明確にします。**

　それから、仕事を作業に分解し、顧客に価値を提供していない作業を洗い出し、そこからわかったムダな作業をやめるうえでの改善の方向性を検討します。

　こうした作業を定期的に繰り返すことで、顧客視点でムダを見

る訓練にもなります。これによりムダとは何かが感覚的にわかってくると、今あるムダを取るだけでなく、最初からムダな仕事をつくらないようになります。

[顧客のムダの見える化]

目的	アウトプット	顧客への価値
顧客に対して提供商品の仕様、構成と価格を提示する	見積書 ・仕様、構成 ・価格 ・見積算出根拠	・実際の購入価格を見込み予算化 ・金額の根拠を知り信頼感を得る ・商品構成と価格の関係を知り、投資対効果の検討のもと必要な構成を選択する

詳細作業	貢献評価	改善の方向性
・見積る商品の構成を決める	○	
・構成別の価格を調査する	△	標準単価を設定しておけば調査は不要
・構成別の価格を設定する	○	
・構成別価格のレビュー承認を得る	×	標準単価であれば毎回レビュー承認は不要
・構成別価格を合算し全体金額を算出	△	手計算でやることではない
・税金を算出して合算して見積額を算出	△	手計算でやることではない
・見積額での利益を検算	△	手計算でやることではない
・見積額を審査承認	×	標準単価・計算式があれば審査承認は不要
・見積書を作成	○	
・見積書を審査承認	×	標準単価・計算式があれば審査承認は不要

具体的行動

　顧客に対して行っている作業にはどんな価値があるかを明らかにし、不要なものは排除または改善する。

事前準備を怠ると、仕事の品質低下を招く

●インプットが不十分だと……

　仕事の質や生産性を高めるための改善で、そのプロセスや方法、手順などばかりに目を向けていると肝心なことを忘れてしまったりします。それはその仕事への「インプット」です。報告書の作成を上司から依頼されて資料を手渡されたものの、その資料に不備や不足もしくは的外れなものがあれば、不正確なアウトプットになりかねません。

　つまり、インプットが不十分であれば、アウトプットの品質も低くなります。そうなると、使えなかったり、場合によっては誤まった情報を提供して後工程を混乱させて、手戻りなどのムダにもなります。そのようなアウトプットを生み出した仕事そのものもムダになります。

●インプットを定義することの意味

　こうしたムダを避けるには、たとえば文書類の作成ならアウトプットの目的を確認し、その目的に沿った内容や時期の資料やデータであるかをすぐに確認します。ここで注意したいのが、インプットに合わせて仕事するのではなく、**仕事に合わせてイン**

プットを用意することです。このとき、仕事のアウトプットと同時にインプットの定義をしておきます。

　ビジネス文書の作成など事務関係の作業は、事前に使うべきものを準備しておくことが、結局はムダを出さない仕事につながります。

［　仕事のインプット定義　］

〈業務インプット定義〉
作業内容： ABC社向けXYZシステム概算提案書
目的： ABC社において来期、XYZシステム導入の予算取りのため
インプット 現システムの課題と運用コスト システム投資戦略方針 現システムの構成図 パッケージとそのメリットデメリット システム要員の運用能力評価
担当：○○

〈業務指示カード〉
作業内容： ABC社向けXYZシステム概算提案書
目的： ABC社において来期、XYZシステム導入の予算取りのため
目標・合否基準 PPTにて10ページ以下 ねらい、システム全体構成図、課題と解決策、導入効果、導入大日程を含む
担当：○○

具体的行動

　アウトプットをきっちりと仕上げるには、作業を開始する前にインプットを定義し、事前準備をしっかりしておく。

時間を多くかければ、
品質が高まるとは限らない

●余計に時間をかけることの問題

　お客様や取引先等からクレームや追加・修正もなく処理が終わっているとすれば、その仕事は何の問題も不足もなく終わったことになります。では、もし時間的に余裕があり、追加の作業をしたとしたら、その仕事はどんなアウトプットになるのでしょうか。

　その仕事が問題も過不足もなく終了したのであれば、さらに時間をかけることで過剰品質や余分なモノが加わるだけかもしれません。これは時間をかけることによって生じるアウトプットの質のムダということです。質だけではなく、多く作り過ぎたら、量のムダにもなります。

　1人で作業を続けていると、集中のあまり時間を忘れて過剰に作り込むということもあるでしょう。そうならないための予防策として、**仕事を作業ごとに棚卸しをして、アウトプットの状態がどのようになると質や量において過剰だったり、不足だったりするかを職場内ですり合わせておきます。**

　たとえばマーケティング部門でアンケート調査を実施する場合、調査目的を満たす報告書が作成できたとします。上司に報告

するにあたって、評価されたいとの気持ちで過剰に体裁を整えたり、資料をたくさんつけたりなどはありがちな行為です。

作った本人にとっては目的以上のことをしたことで時間のムダにつながりますし、報告を受ける上司にとっても余分な資料を読まなくてはならないムダにもなります。

そこで、仕事に着手する前にその仕事のアウトプットを決めておきます。調査報告書の作成ならその仕事の目的と要求レベルに基づいて、必要なアウトプットの内容と量を明らかにしておきます。

●アウトプットが事前に定義できない仕事の場合

ただ、仕事によっては事前に決められないこともあります。たとえば、新たに顧客情報をデータベース化するなどはどの情報を入力するのかなどまずは取りかかってみないとわかりません。そうした場合、一定の時間にどこまで進められるかを試しに行ってみて、そこからアウトプットを定義します。これによりゴールが見えないムダが省けます。

アウトプットの定義は、自分の仕事スタイルを確立することでもあります。自分の裁量で仕事が進められると、仕事そのものが楽しくなってきます。

具体的行動

仕事の棚卸しをして、仕事の単位ごとにアウトプットの質と量を見積もってみる。

中間アウトプットの定義で、仕事の品質が維持できる

●仕事のアウトプットを定義する

　同じ仕事を各人が別々に行う場合、仕事の最終アウトプットを同じものにするにはどうすればいいでしょうか。たとえば同じ報告書でも書式や項目が異なっていたり、枚数が極端に違っていたりするような場合、アウトプットの形式が決まっていないと、人や作業状況の違いで仕事の品質にバラツキが生じます。

　それを避けるには、仕事が完了する途中段階の中間アウトプットを定義することです。中間アウトプットの定義に照らし合わせながら仕事を進めれば、適正品質が維持されます。

●中間アウトプットの定義の仕方

　中間アウトプットを定義するには、仕事の完了日とその途中段階のアウトプットを明確にすることです。これにより、途中段階での仕事のすり合わせができ、最終品質にズレや漏れのないものになります。また、社内での定型書式以外の報告書や企画書などはできる限り標準書式を決めておきます。標準書式に則って記入していけば、誰が行っても必要項目を網羅した文書が作成できます。

[　カード化してチーム内で共有　]

●仕様書の作成の例

> 作業名：調査仕様書の作成
>
> 目　的：販路開拓の検討のため
>
> 内　容：関西エリアの市場概況の
> 　　　　調査項目
>
> 成果物：調査仕様書（標準書式）
>
> 納　期：12月10日
>
> 中間報告：12月3日

●企画書の作成の例

> 作業名：新規事業の企画立案
>
> 目　的：当社リソース活用のため
>
> 内　容：教育コンテンツを
> 　　　　　eラーニング化する
>
> 成果物：新規事業計画書
> 　　　　（収益計画を詳細にする）
>
> 納　期：11月25日
>
> 中間報告：11月11日

具体的行動

　とくに納期のある仕事は途中段階のアウトプットを決め、予定どおりに進捗しているかを確認する習慣をつくる。

アウトプットの要件定義で、一定の品質が保たれる

●過剰品質が起こす問題

　以下は、顧客へ提案書を提出する際にありがちなケースです。

　期日までに時間的余裕があったことから通常よりも充実させた内容にしたところ、顧客からは大好評でした。ところが、その顧客から違う案件での問い合わせが来たので、今回は納期に余裕がないため要件だけに絞った提案書にしたところ、前回並みの内容を期待したのにがっかりしたとの回答が寄せられました。

　同じ仕事でも一度高い品質のアウトプットを提供すれば、顧客は次も同じ品質を求めます。それが満たされないと顧客から不十分だと思われるのは仕方のないことです。

　品質のバラツキは仕事のアウトプットの定義があいまいになっていることで起こります。よって、**仕事のアウトプットを明確にすれば、一定の品質が保たれる**目安になります。

　顧客が求める品質に真摯に対応することは仕事の基本です。しかし、**過剰な品質の提供は、顧客の期待を必要以上にあおる結果**を招きます。しかも、コストパフォーマンスのバランスを崩すことにもなります。それを避けるには、アウトプットの要件定義を行うことです。

[アウトプットの定義]

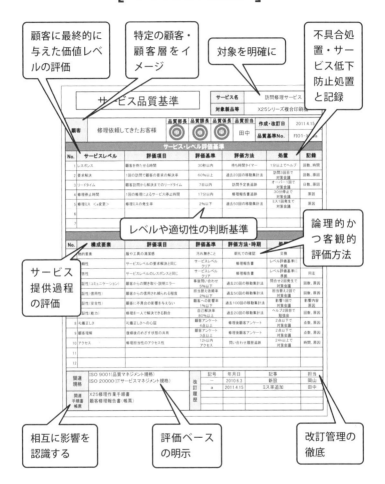

具体的行動

　職場内で共有できるように、主な業務ごとにアウトプットの要件定義を話し合って決める。

各自の作業のカード化で、共有のムダが省ける

●「個の集団」から「組織」としての仕事へ

　同じ職場の2人が同時期に似たような資料を作成していたり、DM送付先や電話番号など類似のリストを用途ごとに管理していたりすることがあります。こうした重複はデータや資料をムダに増やし、管理の手間ともなります。重複した作業や管理は業務が属人化している場合に起こりがちです。

　これを防ぐには、まずチーム内の仕事を全員が認識することですが、それには各自が抱えている仕事をすべてカードに書き出すことから始めます。カードはふせんで代替し、1枚ごとに1つの作業とし、**「作業名」「仕事の目的」「作業内容」「アウトプット」「納期」**などを記します。

　次に、そのカードをホワイトボードなどに貼り出し、全員で同じ作業や類似の作業を洗い出したら、共通部分は統合し、重複するデータは一元化してシンプルな管理方法に改善します。

　属人的な仕事ほどチーム内で認識されていないので、仕事のプロセスを職場内で話す場を設けて共有します。こうした作業を通して、メンバー個々の力量に頼る「個の集団」からチーム力が発揮される「組織」への改善へとつなげていきます。

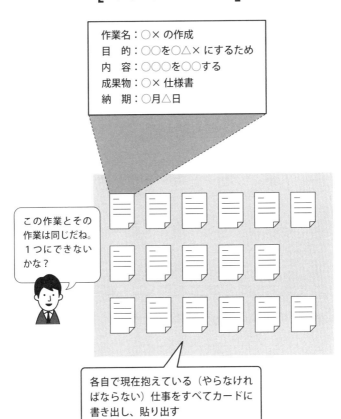

[　仕事の棚卸しカード　]

作業名：○×の作成
目　的：○○を○△×にするため
内　容：○○○を○○する
成果物：○×仕様書
納　期：○月△日

この作業とその
作業は同じだね。
1つにできない
かな？

各自で現在抱えている（やらなけれ
ばならない）仕事をすべてカードに
書き出し、貼り出す

具体的行動

　チーム内の作業をふせんに書き出してホワイトボードなどに貼りつ
け、チーム内で重複等を整理する。

重複や停滞のムダの改善

管理台帳での見える化で、チームが自律的になる

●作業量の多い仕事の発生への備え

　作業量が多い仕事が飛び込んで来たりすると、チーム内で手分けをして対応することになったりします。そうなるとお互いの作業進捗の共有ができていなければ、重複や停滞のムダが起きやすくなります。

　こうしたときは、まず進捗管理の方法を決めることです。たとえば、**一元管理を行うためにチームで1つの管理台帳を使用**します。管理台帳は記入のルールをシンプルにし、置き場を決めて、作業に携わる人がいつでも確認できるようにしておきます。

●管理台帳を使った作業の見える化

　こうしておいて、**作業を始める前には各人が管理台帳を必ず確認**するようにし、**作業終了後には各人が台帳を更新**して進捗が最新でわかるようにしておきます。進捗の共有のためのミーティングの開催やリーダーへの確認などを行わずとも、見える化状態にしておくことで誰もが管理台帳に基づいて作業ができるようにしておくことがポイントです。メンバーが自律的に仕事をするためにも有効なツールです。

[　進捗の見える化のための「管理台帳」　]

No.	社名	所属役職	氏名	アポ取り 行動日	状況	1st訪問 行動日	状況	資料類 行動日	月度アクション 前半 行動日	行動と状況	後半 行動日	行動と状況
1	A社	総務部部長	横川昌也	10/4	○10/16 (北川)	10/16	現状ヒアリング XYZについて提案予定(北川)	10/16 持参				
2	B社	企画部課長	田上斉	10/4 10/11	忙しい 来週再TEL(南) ○10/30(南)			10/30 持参予定				
3	C社	開発部部長	佐藤健士	10/6	○10/20 (東原)	10/20	部長と面談予定(東原)	10/20 持参予定				
4	D社	企画部部長	山本美咲	10/15	出張 来月再TEL(西)			10/15 発送				
5	E社	取締役	藤川学	10/18	○10/24 (南)							
6	F社	秘書室室長	小川優	10/28	○11/10 (北川)							

具体的行動

　チーム内で仕事を振り分ける場合、管理台帳などを作り、メンバー同士が進捗状況を見える化できるようにしておく。

慣習的なダブルチェックが、作業のムダを生む

●ムダにつながるダブルチェックとは

　仕事にミスや抜けがないかチェックすることは正確な仕事をするために必要なことです。さらに、正確さを期するためのダブルチェックはみなさんの職場でもよく行われているのではないでしょうか。ダブルチェックをして問題を見つけ修正することで一安心と思いがちですが、ここにはある落とし穴があります。

　それは、発見された問題を修正してもその発生原因を特定して対策しなければ、また同じようなミスや抜けを繰り返すということです。**問題の発生原因を放置し根治的改善をしなければ、いつまでも価値を生まないダブルチェック**をし続けなければならないうえに、その後の修正作業をし続けるムダにつながります。

　逆に、ダブルチェックしても問題が発見されないにもかかわらず継続し続ければ、問題のない仕事を安心を得るためだけに行っている、価値を生まない作業ということになります。

●ダブルチェックリストを見直してみる

　そこで、ダブルチェックで使っているチェックリストの確認項目ごとの問題発見の状況を調査してみましょう。**20回以上にわ**

たって一度も問題が発見されてないチェック項目があれば、それ
は安心を得るためだけの確認のムダかもしれません。また、**問題
発見が2回以上あるにもかかわらず原因分析や再発防止改善をし
ていないチェック項目は後から修正する作業を繰り返させている
ムダ**ということかもしれません。2回以上問題が発見された
チェック項目は、その問題の原因を調査分析して再発防止策を図
り、修正作業を繰り返すムダをなくします。その後引き続いて
チェックし、20回以上にわたって問題がなければ、チェックの
頻度を減らしていきます。

［　チェック頻度減算チェックリスト　］

請求書発行確認チェックリスト

チェック項目	チェック回数　□：要チェック									
	1	2	3	4	5	6	7	8	9	10
送付先名の確認	□	□	□	□	□	□	□	□	□	□
発行日の確認	□	□	□							
金額の確認	□	□	□			□	□	□	□	□
締め日の確認	□	□	□	□						
担当の確認	□	□	□	□						
請求科目の確認	□	□	□	□	□	□	□	□	□	□

具体的行動

　職場内のダブルチェックの実施状況を確認し、慣習的に行われてい
てムダな作業がないかを確認する。

作業区分ごとの計画で、計画変更のムダを防ぐ

●詳細な計画立案のムダ

　システム変更など数ヶ月を要するプロジェクトの場合、詳細に計画を立ててみても、仕様変更や技術的な壁、ミスやトラブルが発生すれば計画の練り直しになります。細かすぎる計画は練り直しにも時間がかかり、その間仕事が中断すれば、計画の終了見込みが大幅に遅れることになります。

　そうしたムダを未然に防ぐために、これまで職場内の仕事の計画変更がどの程度起きていたかを調べてみます。**計画変更の頻度が多く、変更範囲や変更内容が大きいほど計画練り直しのムダが**あったということです。

　よって**全体計画は、仕事の大きな作業区分とする時期を明確にする程度にし、その作業区分ごとの目標とアウトプットを定義**しておきます。

　作業区分ごとの目標とアウトプットを実現するために、その作業区分で具体的に行う実施項目と担当者や日程などの詳細計画をその作業に入る直前に立て、計画変更の確率を下げるようにします。仮に計画に変更が生じても、その作業区分の範囲内での修正で済むことになります。

［　区切り型全体計画書　］

STEP1（2か月程度） 作業現場管理	STEP2（4か月程度） 作業のムダ取りと仕組みづくり
フェーズ I	フェーズ II

「5S」と「VM（ビジブル・マネジメント＝目で見る管理）」

ねらい：現場のスッキリ化、在庫の異常の見える化

進め方	内容	アウトプット
方針と目標設定、体制づくり	親会社の方針とリンクした目標設定、体制づくり	整理・整頓の徹底 仕掛在庫の削減 定置・定量・表示の仕組みづくり 異常がすぐわかる目で見る管理
業務・機能棚卸と5S・VM基準の定義	現状の棚卸と5S、VM（ビジブル・マネジメント＝目で見る管理）の基準づくり	
整理の推進：不要品の棚卸	5S基準に基づき、区別して処分する	
整頓の推進：置場の整備	置場と量を決め、表示をつける	
清掃・清潔・しつけの推進	整理整頓の定着	
VMボードによる見える化と継続改善	目で見る管理の仕組みによる改善の推進	

5Sとは「整理」「整頓」「清掃」「清潔」「しつけ」の頭文字から名づけられた、職場環境の維持改善の管理手法のこと。なお、「しつけ」は先の4Sを習慣づけることの意。

具体的行動

　日数を要するプロジェクト計画の場合、作業区分ごとの目標とアウトプットを決めてから実行する。

段階ごとから機能ごとへが、長期的仕事のムダを省く

●段階ごとの仕事と機能ごとの仕事

　数週間や数か月におよぶシステム開発では、要件定義・設計・プログラム・テスト・運用などの段階があります。この段階ごとに進める仕事のスタイルでは、前半に失敗すれば、後半でやり直しや大幅な修正などが発生することになります。

　そこでまず、仕事を段階ごとにまとめて行っているか、職場内の仕事のスタイルを確認します。その際、前段階の失敗が次の段階以降に影響し、そのための対応をしたことがあるかについてチームメンバーで共有します。

●機能ごとに仕事を処理する「一個流しスタイル」

　こうしたムダを排除するには、**段階ごとに進める仕事スタイルを機能ごとに仕事を進める「一個流しスタイル」に変更する**ことです。「一個流しスタイル」とは、たとえば「製品登録」「販社登録」「販売管理」「在庫管理」などの機能ごとに要件定義からテストまでを一気に実行することです。機能ごとに1つずつ作業を完了させることで失敗したときの影響がその機能だけに留まります。その失敗の経験は次の機能に活かすこともできます。

[　システム開発の場合の一個流しスタイル　]

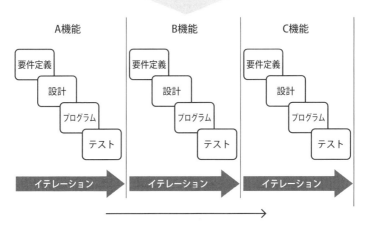

＊イテレーション：ソフトウェア開発などで行われる、一連の工程を短期間で繰り返す
　開発サイクルのこと。

人事制度など社内規定の変更などを
行う際に要件ごとに一個流しスタイ
ルは活用できる。

具体的行動

　長期にわたる仕事は、企画・開発などの段階ごとではなく、予算管
理や在庫管理など機能ごとに「一個流しスタイル」で行う。

作業開始時の確認で、やり直しが抑えられる

●やり直しの大きな問題

　確認すべきことを曖昧なまま作業を進めてしまうと、やり直しになることがあります。たとえば、子供服の市場調査で、調査対象を子供にするか、直接の購買者である保護者にするかでは結果が大きく違ってきます。このように、仕事の対象や領域の選択を間違えると一部手直しや追加でも対応できず、すべてやり直すことにもなりかねません。

　やり直しが起きるのは、確認漏れや誤った理解、仮説の錯誤など、原因はいくつかあります。たとえば、「顧客」はエンドユーザーのことなのか直接の発注者なのかを誤って解釈すると、やり直しのムダが発生します。

　仮説の錯誤では、個人の思い込みが強いと1つの仮説にこだわって結論を自分本位に誘導しがちになり、結果としてやり直しになりかねません（右ページの図参照）。そうした事態に陥らないためには、より多くの人の意見を聞くことです。他者の意見から思わぬ視点の見落としに気づくこともあります。

　以上のように**やり直しのムダの防止の最善策は、仕事を始めるときに確認すべきことを曖昧にしない**ことです。

[正しい仮説と仮説の錯誤]

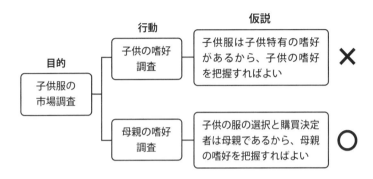

[やり直しを未然に防ぐには5W1Hのチェック]

Why	なぜ、何のために	☑
How	どのように、どのような手段で	☑
Who	誰が	☑
What	何を	☑
When	いつから、いつまでに	☑
Where	どこで、場所は	☑

具体的行動

　新規プロジェクトなどが発生したときは、対象や領域、用語の定義など関係者と共有してから進めるようにする。

やるべきことの見える化で、着実に実行できる

●やるべきことを一元管理する

やるべきことをすっかり失念していると、後から大慌てで作業する羽目になります。やるべきことを忘れる理由の1つに、すでにやったと思い込んでいることがあります。毎週や毎月行う定例的な業務だと忙しさに紛れてやったつもりになったりします。

もう1つ忘れる理由に、日頃やる必要がないと思っている業務だと放置したまま期限が過ぎてしまったということがあります。

また、当初はなかった業務が途中から追加されたりすると、当初計画どおりに進めているうちに追加されたことを忘れているということもあります。

これらは記憶に頼った結果、引き起こされることです。

やるべき仕事を確実に実施するには、ToDoリストを使ったり、ToDoカードで見える化する「ToDo型管理」が有効です。これは、終わった仕事はカードを進捗管理ボードの完了の欄へ移したり、相手待ちや変更待ちなどで止まっている仕事もボードを見れば誰もが一目で確認できる仕組みです。

やるべきことが職場内で共有できると、お互いの仕事がよく見えて安心できます。

[ToDo型管理]

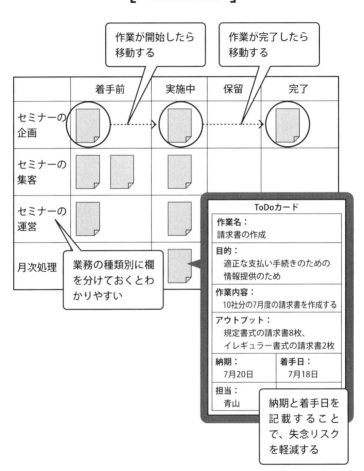

作業が開始したら移動する

作業が完了したら移動する

	着手前	実施中	保留	完了
セミナーの企画				
セミナーの集客				
セミナーの運営				
月次処理				

業務の種類別に欄を分けておくとわかりやすい

ToDoカード

作業名：
請求書の作成

目的：
　適正な支払い手続きのための
　情報提供のため

作業内容：
　10社分の7月度の請求書を作成する

アウトプット：
　規定書式の請求書8枚、
　イレギュラー書式の請求書2枚

納期：	着手日：
7月20日	7月18日

担当
　青山

納期と着手日を記載することで、失念リスクを軽減する

具体的行動

　メンバーごとにやるべきことをふせんなどのカードに書き出し、進捗状況がわかるようにボードに貼り付け、共有する。

イレギュラーを減らせば、業務効率化につながる

●業務効率化を阻むイレギュラー処理

　組織にはさまざまな規程やルールがありますが、取引先の条件変更や社内制度の変更などによって、イレギュラー対応が必要になる場合があります。こうしたことが累積してくると従来の仕組みでは処理不能になり、手作業で行わざるを得なくなります。

　これにはまず、一度**イレギュラー処理の業務をすべて洗い出し、その中での共通点を探して、グルーピングできるようであれば処理方法を標準化して共有**できるようにします。

　イレギュラー対応でよくあるのが、エンドユーザーと直接向き合う営業などライン部門からの特例処置要請を、経理などスタッフ部門が引き受けてしまうことです。これはライン部門の負担軽減にはなりますが、組織としてはイレギュラー対応すべきかどうかを決めておかなければ、社内ルールの未整備ということでコンプライアンス的にも問題です。

　なお、規程・ルールが陳腐化している場合は、専門家や関係部門などを交えながら見直しを行う必要があります。

　いずれにしても**イレギュラー処理は業務の効率化を推進するうえではできるかぎり減少**させなければなりません。

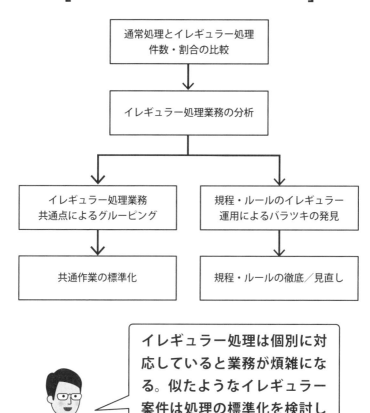

[イレギュラー処理の分析と改善の方向性]

通常処理とイレギュラー処理
件数・割合の比較

↓

イレギュラー処理業務の分析

イレギュラー処理業務
共通点によるグルーピング

規程・ルールのイレギュラー
運用によるバラツキの発見

↓

↓

共通作業の標準化

規程・ルールの徹底／見直し

イレギュラー処理は個別に対応していると業務が煩雑になる。似たようなイレギュラー案件は処理の標準化を検討しておくとよい。

具体的行動

　イレギュラー対応の実態を把握するとともに、ルール・規程が陳腐化していれば見直しを検討する。

突発業務が事前にわかれば、冷静に対処できる

●仕事のムダを呼ぶ飛び込み仕事

　報告書を書いている途中に顧客からの急な注文が入り、それを終えたと思ったら上司からの呼び出しで、結局、その日に報告書は完成できなかったという苦い経験、みなさんにもあるのではないでしょうか。このような飛び込み仕事はそれまでの作業が中断させられ、その日の予定を狂わすムダにつながります。

　飛び込み仕事は、顧客や上司、同僚などから突然舞い込んできて、断ることも後回しにすることもできなければやっかいです。そのため、多くの場合は仕掛かりの仕事が遅れても仕方ないと諦めて、少し後ろ向きの気持ちで取り掛かりがちです。

●飛び込み仕事を予期する方法

　仮に飛び込み仕事が予期できれば、心の準備ができた状態で対処することができます。

　たとえば、四半期ごとの事業報告会議の3日前に上司から四半期データの修正を頼まれるなど定期的に発生しがちな作業や、人事異動シーズンに顧客の発注部門の担当者が交代して取引条件の見直しなどがある程度わかっていれば、受入体制を整えることが

可能です。

　こうした**過去の飛び込み仕事を整理・分析して、あらかじめ対応できるものや予定できる仕事をリストアップし、カレンダー上に表示しておけば、非常事態の予想を事前に見える化**できます。

　月間や年間の仕事の予定を立てるとき、このカレンダーを参照しながら、飛び込み仕事への対応を見込んだダンドリをして、中断や予定を狂わすムダを減らすようにします。

［　カレンダーによる管理　］

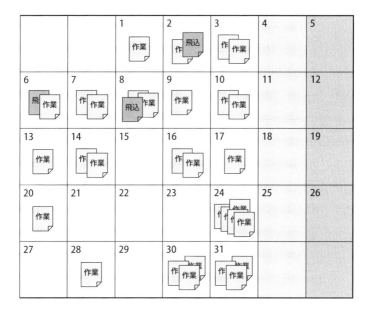

具体的行動

　過去の飛び込み仕事を整理・分析し、発生しそうな飛び込み仕事をカレンダー上に記しておく。

ルールを決めれば、
遠慮なく話しかけられる

●**仕事中に話しかけることの問題**

　考え事をしているときに話しかけられて、思いついたことが飛んでしまった経験、みなさんにもあるのではないでしょうか。集中しているときに直接話しかけられたりチャットメールが頻繁に届くと、それまでの作業が途切れてしまいます。話しかける側は何気なしに行いますが、受け手にとっては迷惑です。

　会社によっては、集中時間の確保のために話しかけ禁止の時間帯を設けているところもありますので、職場内でこの問題を話し合ってみるのもいいかもしれません。

●**「話しかけカード」を活用する**

　不用意な話しかけを防ぐには、**仕事を中断させないための話しかけのルールを設けて共有化**しておくのがいいでしょう。

　たとえば、メールで打ち合わせをしたい旨を伝えるというのもいいですが、**「話しかけカード」**などのツールを用意し、話したいこととその希望時間を書いて掲示板に貼っておけば、誰が何について疑問や課題を持っているかなどが共有でき、チーム内の仕事の進行も把握できます。

[　話しかけカード　]

話しかけカード

要件：報告　連絡　相談

話しかけたいこと：

希望日時：

担当：

> 残業ゼロを実現した女性用下着メーカーでは、「がんばるタイム」と称して、12時30分から14時30分の2時間は割り込みを禁止し、自分の仕事だけに集中するようにした。

具体的行動

話しかけで仕事が中断する問題がないか職場内で話し合い、問題があればルールを決めて対応する。

自動振り分け機能を使えば、効率的に整理できる

●電子メールの整理に年間1週間使っている！？

　受信メールは、まずは件名や送信者などを見て、今すぐ読むもの、後で読むもの、不要で廃棄するものに仕分けられたりしますが、仕分けに何もルールがなければ、受信メールを探すムダが生じます。メールの処理のムダを改善するために、仕分けに要する時間を調べてみます。仮に10分かかっているとしたら年間40時間以上、つまり年間1週間はメールの仕分けをしていることになります。

●受信メールの自動振り分け機能を使う

　この時間を極力減らすには、受信メールの自動振り分け機能を活用します。件名や送信者などのキーワードを指定しておけば、受信メールを指定のフォルダーに自動的に振り分けてくれます。

　自動振り分け機能をより有効に活用するアイデアを1つご紹介しましょう。受信メールの大半は、こちらからの送信メールの返信です。そこで**送信メールの件名に【　】でくくったキーワードを設定（たとえば【予算管理】など）すれば、その件名の受信メールが届いたら自動振り分け**がなされます。

［　キーワード分類　］

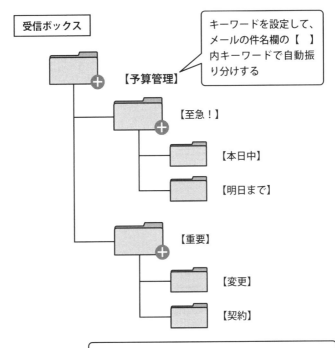

受信ボックス

キーワードを設定して、メールの件名欄の【　】内キーワードで自動振り分けする

【予算管理】

【至急！】

【本日中】

【明日まで】

【重要】

【変更】

【契約】

ルーティンな業務の中でコンピュータのアプリケーションを使えば自動処理できるものを調べ、すぐに導入してムダな作業を省こう。

具体的行動

今使っている電子メールソフトの自動振り分け機能の使い方を調べ、優先度の高いメールのキーワード設定を行う。

オフィスソフトの便利機能で仕事効率化

●便利機能を知れば、作業を効率化できる

仕事で使うワープロや表計算などのオフィスソフトには多様な機能があり、その使い方次第で仕事の効率が格段に上がることがあります。

たとえば、日付の入力では、「2020/10/10」と入れれば、「2020年10月10日」となりますが、曜日は表示されません。そこで、別の曜日欄のセルに「土」を入力することになります。ところがセルの書式設定→表示形式→種類の欄に「yyyy"年"m"月"d"日"("aaa")"」と設定しておけば、「2020年10月10日（土）」と曜日まで自動的に入力されます。これはエクセルの機能の1つですが、こうした機能の使い方を知っている人と知らない人では作業時間が大きく変わってきます。

現在のオフィスソフトはさまざまな機能が組み込まれていて、その多くが使われていません。たとえば、エクセルのメニュー欄の「コピー」の横に「Crtl＋C」とあります。これはいちいちメニューから機能を選択しなくても「CrtlキーとCキーを同時に押せばコピーできる」ということを教えてくれています。「Crtl＋C」を押すだけでコピーが瞬時にできるので、こうした便利機能は知っておいて損はありません。

第2章

ダンドリと仕事の
手順の改善

日々の仕事のプロセスを見える化し、ムダな作業を減らすための改善手法㉓

予定時間と実績時間の差で、ダンドリのムダがわかる

●仕事の終了時間が読めないムダ

　仕事に着手するとき、その仕事にかける時間を意識しているでしょうか。また、仕事に取りかかってから、必要な備品を揃えたり、下準備のような作業を途中で行うはめになることはないでしょうか。その結果、その仕事が終わる予定時間が読めず、1日にこなすべき仕事量が妥当なのかもわからなくなるかもしれません。予定時間がないということは、仕事のダンドリや手順を考えずに、ただ目の前の仕事に取りかかることと同じです。見通しがなくダラダラと仕事を行うことが、納期遅延を生むムダや仕事の低品質によるコストのムダを発生させます。

●仕事の予定時間と実績時間の差からの改善

　そこでまず、**対象となる仕事にかける予定時間を決めます**。時間の制約があれば、人は限られた時間の中で仕事を完了させるにはどうしたらよいのかを考えます。予定時間を決めることは仕事のダンドリを決めることでもあります。また、**予定時間と実績時間の差（予実ギャップ）から、ダンドリ自体のムダが見えてきます**。

　予定時間と実績時間の差を明らかにするには、**仕事を作業に分解し、作業をカード化したものにその作業における予定時間と実績時間を記入**するようにします。予定時間はその作業を実施する人が決め、カードに予定時間を記入しておきます。作業が完了したら、実際に要した実績時間を記入します。実績時間は純粋にその作業を行っていた時間で、途中で入った他の作業時間は入りません。その記録から予定時間と実績時間の差が大きいものについて、その原因を分析し改善します。

　時間を意識することで自然とダンドリや手順を考えるようになります。

[　タスクカード（予実時間版）　]

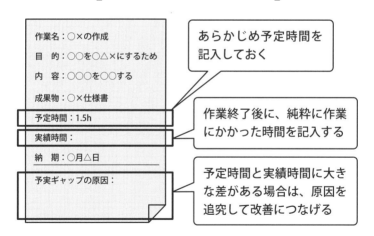

作業名：○×の作成

目　的：○○を○△×にするため

内　容：○○○を○○する

成果物：○×仕様書

予定時間：1.5h

実績時間：

納　期：○月△日

予実ギャップの原因：

あらかじめ予定時間を記入しておく

作業終了後に、純粋に作業にかかった時間を記入する

予定時間と実績時間に大きな差がある場合は、原因を追究して改善につなげる

具体的行動

　タスクカードを使って、予定時間と実績時間の差を分析し、そこからムダを特定し、改善活動につなげる。

プロセスの共有化で、仕事の異常が発見できる

●仕事のプロセスの見える化

　仕事は1人で完結することは稀であり、職場内や部門を横断しながら複数の人がかかわるのが普通です。そのため、いろいろなところで滞留することがあります。たとえば、必要な資料がすべて揃わなかったり、上司の承認を待つというときなどです。この状態を改善するには、滞留状況を見える化することです。

　それには、**仕事の流れが左から右へ順番に流れていくことがわかる「工程間管理ボード」**をつくり、そのボードに「発注書作成」「納品書作成」など作業ごとのカードを該当するプロセスに貼り、そのプロセスでの処理が終わったら、次のプロセスにカードを移動します。

　何らかの事情で、あるプロセスにカードが溜まり始めれば、そこが異常だと一見してわかるようになります。そして、異常を発見したらその原因を分析し、改善するようにします。

　仕事のプロセスは、「提案書作成」「提案先選定」「営業訪問」など時系列でわかるようにし、カードは「A製品」「B製品」など案件や、「受注管理システム」「販売管理システム」などプロジェクトごとに作成します。

［　工程間管理ボードによる進捗の共有　］

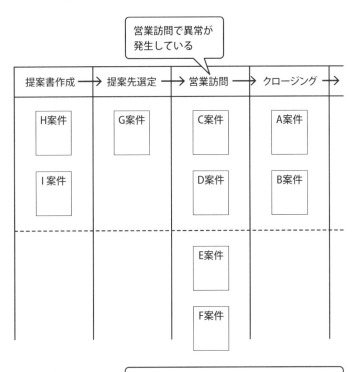

営業訪問で異常が発生している

| 提案書作成 → | 提案先選定 → | 営業訪問 → | クロージング → | → |

H案件　　G案件　　C案件　　A案件

I案件　　　　　　　D案件　　B案件

E案件

F案件

全プロセスにおいて同じ量の
カードが溜まるようにする。

一個流しで行うことが基本

具体的行動

　仕事のプロセスが円滑になるように、現状のプロセスで仕事が滞留するプロセスを特定し、その原因分析を行い改善する。

さかのぼって確認すると、合理的な流れがわかる

●**作業手順を見える化する**

　通常、仕事の作業手順を間違えると手戻りが起きたりします。たとえば、請求書を発送するとき、請求書の発行を担当営業に確認してから送るのがルールであるとします。そのルールを知らずに発送後に担当営業に事後報告するなどした場合、顧客から営業に値引きなどの条件が加えられていたとしたら、先に送った請求書を顧客に破棄してもらい、改めて請求書を発行するムダが生じます。

●**アップストリーム型による作業手順の確認**

　こうしたときのポイントは、**作業手順が合理的な流れであり、誰が担っても同じプロセスで流れる**かを確認します。その際、上流から下流へと作業が流れるダウンストリーム型で考えがちですが、**最終アウトプットからさかのぼって、「この作業には必要なものは何？」というようにアップストリーム型で考えると合理的な流れ**がよくわかります。

　つまり、作業を逆算してみるということです。

［　アップストリーム型による作業手順の洗い出し法　］

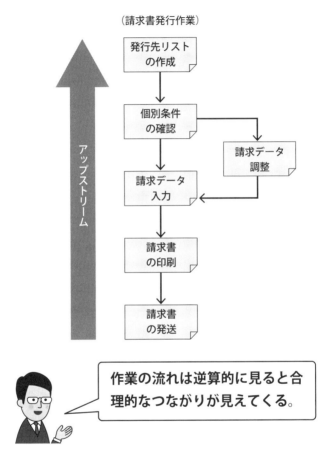

（請求書発行作業）

アップストリーム

- 発行先リスト
の作成
- 個別条件
の確認
- 請求データ
調整
- 請求データ
入力
- 請求書
の印刷
- 請求書
の発送

作業の流れは逆算的に見ると合理的なつながりが見えてくる。

具体的行動

　作業手順の計画や見直しをする場合、アップストリーム型でさかのぼって行い合理的な流れにする。

重複する確認作業を発見し、速やかに統合する

●過剰な確認のムダとは

　一連の業務の流れの中で、処理→確認、処理→確認を繰り返しているものがあります。たとえば、システムのマスターに入力後、入力が正しくなされているか否かを確認し、それをもとに作成される月次処理用一覧のすべてのデータについても正しいか否かを確認していたりする場合です。新しいシステムを導入したのなら別ですが、通常は、マスターが正しければ、月次処理用一覧に正しく反映されるはずですから、毎回すべてのデータを確認する必要はないはずです。こうした過剰な確認はムダの元凶です。

●業務フローの作成で作業を明確にする

　過剰な確認を防ぐには、**業務フローを作成するなどして業務プロセスを明確にすること**です。こうして確認作業を見える化したら、重複している確認や連続して行うべき確認などをピックアップします。対象となる確認作業が明確になったら、確認作業が集約できないかを検討し、確認を1回で済ませるようにします。また、処理ではその場チェックを徹底させるため、原票へのレ点チェックを行います。

[複数確認の統合]

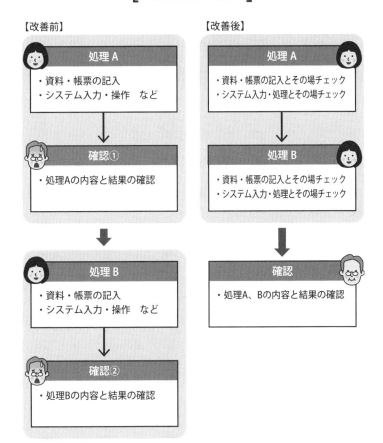

【改善前】

処理A
・資料・帳票の記入
・システム入力・操作　など

↓

確認①
・処理Aの内容と結果の確認

↓

処理B
・資料・帳票の記入
・システム入力・操作　など

↓

確認②
・処理Bの内容と結果の確認

【改善後】

処理A
・資料・帳票の記入とその場チェック
・システム入力・処理とその場チェック

↓

処理B
・資料・帳票の記入とその場チェック
・システム入力・処理とその場チェック

↓

確認
・処理A、Bの内容と結果の確認

具体的行動

　業務プロセスごとのムダを発見するために業務フローを見える化し、重複する確認作業があれば統合する。

WBSを使えば、
作業計画が効率化する

●列挙型が起こす問題

　作業計画は実施しなければならないことを書き出して、順番と期日を決めてスケジューリングするのが一般的です。たとえばセミナーの開催では、会場手配を先に行うと受講者数が会場の収容人数よりも多いまたは少ない場合、ロスが発生することになります。よって、収容人数と受講者数の確認を相互に行ったうえで、会場手配を行えばムダが生じません。

　作業計画ではこのような問題が起きないように、実施すべき作業をリストアップし、その順番を適切に定めなければなりません。過去の実施例や経験をもとに作業を列挙して順番を決める列挙型の作業計画では、事例の有無や経験などに左右されて抜け漏れや順番違いが起こりかねません。

　そこで**WBS（ワーク・ブレイクダウン・ストラクチャー）**という手法を使って、そうした問題を回避するようにします。WBSで**はまず目的を設定し、その達成に必要なアウトプットを明確にします**。続いて、アウトプットを導き出すための作業をアウトプットに近い側から順番に洗い出します。**下流から上流にさかのぼるように確認する**ことで、抜け漏れや順番違いが防げます。

[　WBSで系統立てた作業の計画　]

●セミナー開催の例

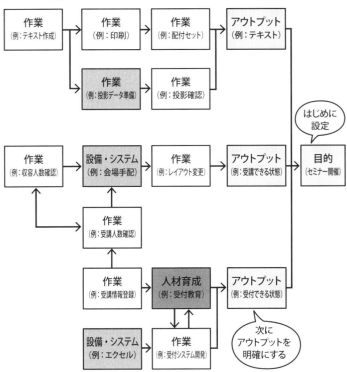

具体的行動

　作業計画を立てるときは、まず目的を設定し、その目的を達成するためのアウトプットを明確にする。

進捗度合いのモノサシで、作業管理が効率化する

●進捗度合いを測る基準を設ける

　毎週週初めなどにメンバーが集合して定例的に進捗確認を行っているにもかかわらず、仕事の終盤に差しかかったあたりで間に合わないと言い出す人がいたりします。これは、進捗度合いを測るモノサシに問題があるのです。着手前に見積もった日数とそれに応じた作業スピードが一致しないとこうした問題が発生します。

　この問題には、**仕事を「完成度」というモノサシで計る**ことです。完成度とは、仕事の完成に向けた進捗度合いのことです。仕事の完成度を100％として、完成までの進捗度合いについて、20％、40％、60％、80％それぞれの評価基準を考えてみます。

　たとえば、納期まで残り半分となったところで完成度が20％であれば「大幅な遅れ」、40％なら「若干遅れ気味」、60％なら「余裕あり」というように、費やした工数と進捗度合いを確認して、作業管理を行います。

　こうした基準を職場内で共有しておけば、成り行きで仕事を進めてあとで慌てるようなことがなくなり、効率的な作業改善につながります。この習慣化により、「仕事の見通し力」が磨かれます。

［　完成度進捗管理　］

●進捗管理シート

項目	担当	区分	見積り	20%	40%	60%	80%	100%
DM送付先名簿の作成	山田	完成度						
		工数	5人日					
パンフレットの作成	浜崎	完成度						
		工数	15人日					

●DM送付先名簿の仕事の進捗度

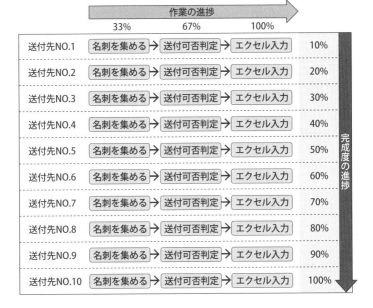

具体的行動

　職場内の主な作業について、「完成度」の評価基準を設定し、納期管理のレベルを向上する。

計画（P）に時間をかけず、小さなPDCAを多く回す

●仕事をまとめて処理することの問題

仕事はまとめて1回で処理できたらそれに越したことはありません。たとえば、毎日、少しずつ返品伝票が回ってくるようなとき、月に1回の締め日を決めてまとめて処理するようなケースです。まとめて処理をすると、ミスがあればそのときにまとまって発覚します。それも締め日ぎりぎりの最後のほうで見つかれば、大慌てで対応しなければなりません。

●小さなPDCAを回す

仕事はそのつど、少しずつ処理するとミスが少なくなります。 伝票類なら1週間単位でまとめて処理するようにします。最初の1週目でミスが見つかれば、期限まで時間があるので余裕を持って処理できます。仮にミスが伝票の記載方法の誤りであれば、伝票の発行元に修正を依頼します。こうした小さな経験を学習するに従い、ミスの発生が少なくなっていきます。

このように仕事は小さなPDCA（Plan〈計画〉→Do〈実行〉→Check〈評価〉→Action〈改善〉）を回すようにするとミスは徐々に少なくしていくことができます。

[　小さなPDCAをたくさん回してミスを小さくしていく　]

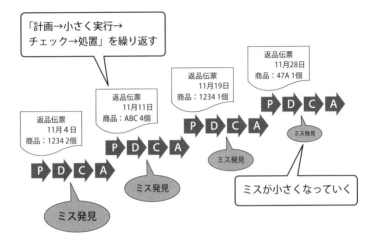

[　PDCAの考え方　]

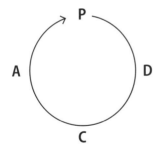

Plan：よく考えて計画をつくる

Do：正しい方法で実行する

Check：実行の結果をよく検証する

Action：検証した結果を踏まえ、
　　　　　　よりよく改善していく

具体的行動

伝票類の処理などはまとめて行わず、日単位、週単位で行うとミス発生のパターンが学習できる。

リアルタイムの確認で、納期遵守が仕組み化する

●進捗を「監視」しない

　仕事の進捗管理を会議の場だけで行うことはあまりおすすめできません。なぜなら、会議と会議の間の進捗状況がブラックボックス化（見えない化）するからです。会議まで管理者が進捗が把握できないことも問題で、会議は管理者のための「監視の場」になりかねません。監視の場になってしまうと、担当者は遅れが生じていれば取り繕ったりするかもしれません。

　この問題の改善には、職場内の進捗確認を**見える化によるリアルタイム管理**にすることです。これには「進捗の遅れ具合と進み具合」「仕事の完成度」がわかる指標を定義して、日々の推移をカレンダー式にして一目でわかるようにします。あわせて、何か問題があったときの対応状況も一目でわかる「**PDCA管理表**」を作成します。

　あえて会議を行うのであれば、担当者レベルでは対応できない問題が発生したときに「対策会議」をそのつど開催するようにします。

　こうした施策により、進捗管理が報告のためではなく、納期遵守のためのものに改善されます。

［　進捗会議でブラックボックス　］

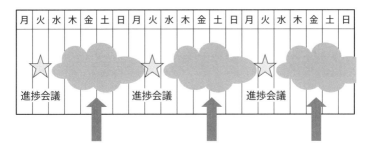

進捗会議と進捗会議の間は進捗がわからずブラックボックス化

●問題－PDCA管理表

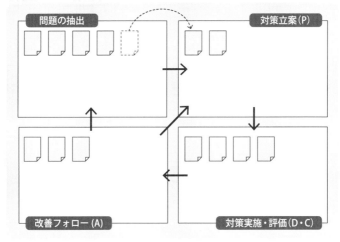

具体的行動

　進捗のための定例会議を廃止し、職場内の仕事の進捗度合いがわかるPDCA管理表を掲出する。

仕事の優先順位を決めると、組織内の手待ちが減る

●仕事の優先順位を決める理由

　日々の仕事において、重要度や緊急度に応じて取り組むべき優先順位が変わったりします。このことを臨機応変に判断して仕事を行わないと組織は回っていきません。

　たとえばＡさんが発注書を作らなければＢさんは納品作業に取りかかれず納期遅れとなったり、突発事故が起きてチーム全体で対応しなければならないときに一部の人が通常の業務から離れず協力しなければ事故の対応に時間を要することになります。

　このように、「重要で緊急な仕事」がそうでない仕事よりも先に行われることで手待ちのムダや残業を生むムダになります。

　こうしたムダを防ぐには、**日頃から仕事の重要度や緊急度を考える習慣を意識する**ことです。また、組織と個人の重要度・緊急度の認識のギャップによる問題発生への対策には、**組織としての重要度・緊急度の基準を明確にしておく**ことです。

●仕事の優先順位を見える化する

　それには、**組織の抱える仕事を「重緊マップ」を使って一覧表にします。**縦軸に重要度、横軸に緊急度を取り、組織で決めた基

準によって仕事のカードを配置していきます。そして、重要で緊急な仕事から行うように組織内で共有します。組織として重要度・緊急度が明確になれば、仕事の優先順位が自ずと決まり、組織内の手待ちが解消されることで残業抑制にもなります。

［　重緊マップ　］

重緊マップで優先度をつけて仕事の混乱をなくす

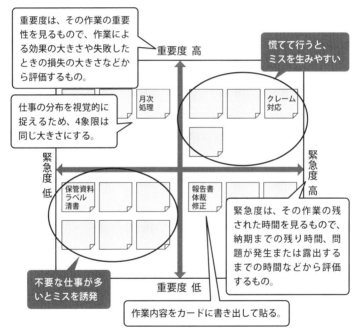

具体的行動

仕事の優先順位を組織内で共有するために、重要度・緊急度を基準に仕事（作業）の一覧表を作成し見える化する。

行動管理の見える化で、望む結果が得られる

●管理者として失格のプロセス管理とは

　管理者が部下に仕事を委任する際、はじめと終わりだけを見るだけだと管理は楽ですが、望む結果が得られるかどうかは担当者個人の力量に頼らざるを得ません。仮に望ましい結果が得られなかった場合、管理者として全く支援をしなかったことになり、それでは管理者失格です。

　仕事の結果は日々の行動の積み重ねによるものです。目標達成のためには、まず、**チームメンバー各々がどのような行動を取る必要があるのかを明確**にします。そして、結果を導く行動の連鎖を支援するのが管理者の役割です。

●「結果と行動の関連図」でチームメンバーの支援を行う

　結果と行動の連鎖を明確にするには、「**結果と行動の関連図**」を描くことです。この図は結果に対して実施すべき課題や施策を挙げるのではなく、**日々行うことを行動レベルで明らかにするもの**です。結果を導くであろう行動を仮定し、実際に試行しながら目標達成していくための指針になるものなので、速やかに実行し、問題があれば修正し調整していきます。

[　結果と行動の関連図　]

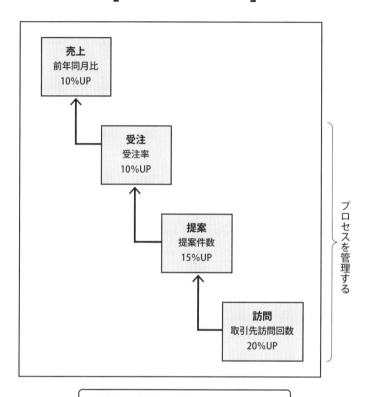

- 結果につながる行動を明確にする。
- 行動は経営層や管理者層だけで考えるのではなく、実際にその行動を行う人たちも交えて考える。

具体的行動

　結果に至るまでのなすべき行動を「結果と行動の関連図」を描いて見える化し、そのプロセスに従って仕事を進めてみる。

仕事の目的を知ると、部下は自律的に作業を考える

●「仕事の手順」だけを指示する問題

　「部下が言われたことしかしない」「自分で考えようとしない」という管理者の悩みを聞くことがあります。そのような管理者に仕事の指示の仕方を聞いてみるとある共通点が見られます。それは、「仕事の手順だけを指示していること」です。

　手順だけを示されたら、部下はその手順どおりに作業を行うことが仕事だと思ってしまいます。言われたとおりの手順を正確に行えばよいと思っているわけですから、イレギュラーなことが起これば自分では対応ができなかったり、類似の仕事についても応用が利かなかったりします。手順だけを指示することは、部下がその仕事の目的や意味について考える機会をつぶすことになりかねないのです。

●仕事の目的を自ら考えるきっかけづくり

　そうならないためには、**仕事の指示は手順と一緒に目的を伝える**ことです。その際には口頭だけではなく、**仕事の目的を記したカードを使うとより効果的**です。簡潔に要件を指示するために、ワンフレーズで表現するようにします。

　目的を示す仕事の指示は、部下本人が自律的に仕事をする習慣のきっかけになり、成長にもつながります。

［　カードを使った業務指示　］

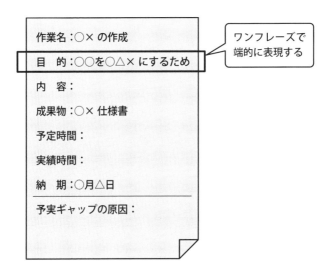

作業名：○×の作成

目　的：○○を○△×にするため

内　容：

成果物：○×仕様書

予定時間：

実績時間：

納　期：○月△日

予実ギャップの原因：

ワンフレーズで端的に表現する

「この仕事は何のために行うのか?」と問うことで、はじめて仕事をする意義が見えてくる。

具体的行動
　仕事の指示を手順とともに、その仕事自体の目的や意味を添えて行うようにする。

目標と行動の推移を見れば、軌道修正ができる

●結果と行動のギャップを見るための2つのグラフ

目標達成に向けて、日々の売上推移の結果を見ることでやる気を高めることが多いようですが、望む結果を出すためにはやる気に加えて、結果につながる行動が適正かどうかを確認することが大事です。

適正行動かどうかを知るには、「**結果指標グラフ**」と「**管理指標グラフ**」を作り、行動管理指標にします。「結果指標グラフ」とは、結果指標が目標達成に向けて推移しているか否かを見える化するものです。一方の「管理指標グラフ」とは、目標に向けての行動が適切に行われているか否かを見える化するものです。

結果指標と管理指標の推移とその関係性から、結果の異常（計画どおり行動しているのに予定していた結果に至っていない）を検知して、速やかに行動の修正を行います。また、行動の異常（計画どおりの行動になっていない）を検知して、その理由を明らかにすることで修正を図ります。

結果は行動の積み重ねです。行動が正しく計画されていれば、予定どおりの結果が導かれることになります。そのためにこの2つのグラフを活用します。

[　適正行動の見直し　]

●結果指標・管理指標グラフ
目標：売上高30%UP
結果指標：売上高推移

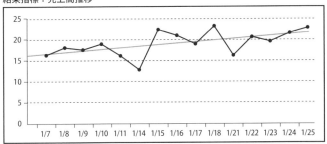

> 結果につながるように行動の見直しを行えば目標達成に近づく。結果指標と管理指標の推移の関係性から結果の異常を検知して、監視すべき行動を見直す。また、行動の異常を検知して、行動しない、あるいは行動できない理由（真因）を解決することで、手を打つことができる

管理指標：訪問件数

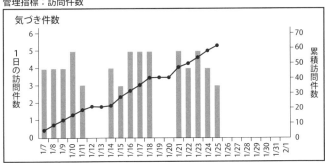

> ①「結果指標グラフ」、「管理指標グラフ」は時間の経過とともに推移がわかるものとする
> ②目標達成の程度や実現性可否が予測できるような表現とする
> ③結果・実績がわかり次第プロットできるようにして、集計期日の間においても結果・実績の推移がわかるようにすることが望ましい

具体的行動

　目標達成までの数値の推移を見るグラフとそのための行動が適切に行われているかを見るグラフをつくり管理指標にする。

作業手順の変更は、
職場内で見える化しておく

●作業手順変更の注意点

手順を変更したものの前の手順で作業することの問題は、品質管理においてはトラブル原因の上位に必ず入るほど、よくあることです。手順の変更の多くは緊急を要する場合であり、そのときは口頭や緊急連絡メモなどによってきちんと伝達されたとしても、その後手順書などに反映されて周知徹底されないと、いずれ前の手順での作業をする人もいたりして、手戻りによるムダなどの問題が生じかねません。

そうならないために、**かつて変更した手順や手順がよく変わるような作業について、職場内で確認**してみることです。

●変更情報管理ボードの作成

これには、「**変更情報管理ボード**」の作成が有効です。このボードに変更情報を掲示し、変更された手順について誰もが速やかにわかるようにし、仕事への着手時に変更の有無を確認してから行うように周知します。

そして変更情報管理ボードの掲出は、変更された手順が全員に周知され、手順書などへの反映も行われて、変更された手順で仕

事が遂行されるまで公開しておくようにします。

　これにより、変更された手順で仕事が確実に行われるようになることで、やり直しや顧客クレームなどの対応のムダが防止されるほか、変更情報を常に記憶にとどめながら仕事をする必要がなくなるので、仕事への集中度と品質が高まります。

[　変更情報管理ボード　]

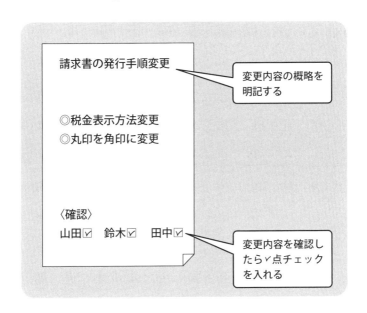

具体的行動

　作業手順の変更があったときは、職場内での周知徹底を図るために「変更情報管理ボード」を作成し、掲出する。

特定条件の事前の把握は、リスク管理にもなる

●**特定条件の発生を職場内で共有する**

　たとえば新製品を発売し受発注業務が急激に増えたり、企画提案で何度か差し戻しなどがあったりするような場合、ルーティンな作業手順に特定条件が追加されることがあります。

　このことを考慮しないでいつもどおり作業してしまうと、特定条件を加味したプロセスを飛ばしてしまうことで作業のやり直しになったりします。

　そこで、どんな場合に特定条件が追加されるのか、職場内で確認しあい見える化するようにします。条件が変わることによってどんなプロセスが追加されるのかや、プロセスが入れ替わったりするのかなどを共有します。さらに、依頼数が1000件など普通では起こりえない事態を想定した場合のプロセスも確認しておくとリスク管理にもなります。

　こうして話し合いにより抽出された**特定条件を作業別に分類し、チェック項目化**します。その際、仕事の着手時に使う計画書や指示書などに特定条件の該当有無を確認するチェック欄を設けるなどしておくと、確認漏れを防ぐことができます。

[顧客要件定義書]

●顧客要件定義書

顧　　客				
システム名				
着 手 日	年　月　日	納 品 日	年　月　日	

顧客要件	〈特定条件チェック欄〉
	・見積金額100万以上□
	→法規制調査は必須
	・同一提案3回以上　　□
	→前回提案書添付

インプット		アウトプット	チェック	可否
・顧客課題インタビュー	□	・要件定義書		
・業務量調査	□	・システム概略提案書		
・法規制調査	□	・開発工数見積書		
・	□	・		
・	□	・		

具体的行動

　特定条件が発生した場合を想定し、その特定条件を抽出したうえで、それを処理するプロセスがどこになるかを見える化する。

変更指示の着手は、納期直前まで保留しておく

●仕事の変更指示に対処するタイミング

　少しでも手が空いていたら仕事を早めに始めておくと、後から何かあっても対応できると思って安心できます。しかし、仕様や計画など変更が起こりやすい仕事では、必ずしも早い着手がいいとは限りません。とくに他部門や顧客、外注先などと協業する仕事は、仕事の進捗具合や問題発生などにより、さまざまな変更要求が飛び込みがちです。せっかく早めに着手しても、こうしたことでそれまでの作業がムダになることもあります。

●「最遅着手」の仕事スタイルとは

　変更が多いと思われる仕事のムダを防ぐには、「最遅着手」での仕事スタイルに変えます。これは仕事の納期に照らして、直前まで着手しない方法です。

　変更の指示が入ってからすぐに対応しないと安心できないと考えがちですが、早めに着手してもその後にさらに変更が入れば、その間の作業がムダになります。納期に間に合う時間まで、それまでの変更はすべて保留にし、着手時点の最新の変更情報だけに基づいて作業を開始すれば、変更のつど修正するムダが省けます。

[　最遅着手　]

早い着手は度重なる変更を受けて修正のムダを生む

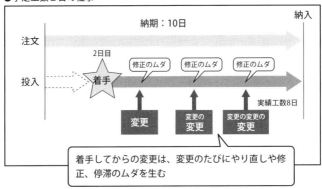

●予定工数 2 日の仕事

最遅着手で変更の影響を最小にしてムダの発生率を抑える

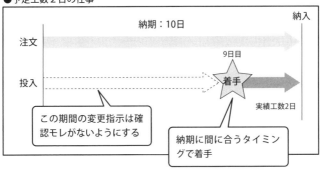

●予定工数 2 日の仕事

具体的行動

　変更指示が多そうな仕事の場合、そのつど変更指示を確認しながらも納期に間に合うタイミングまで着手を保留する。

業務手順書があれば、品質の良い仕事ができる

●**業務手順が明確でないことの問題**

　発生頻度の低い担当業務を久しぶりに行う際にその手順や方法を思い出すのに時間がかかったり、前任者から引き継いだ属人的な手順ではその業務が完了しなかったりすることがあります。その結果、必要のない手順を踏むムダを発生させます。

●**チーム内で手順書を作成する**

　こうしたムダを避けるには、**チーム内で各人が担当業務について、手順書を作成**しておきます。

　手順書を作成するということは標準をつくるということです。標準があれば、誰がその業務を行っても最短の時間で品質の良いアウトプットが出せるようになります。また、手順が明らかになれば、業務の中の問題が見えてくるので次の改善につながります。ただ、手順書は1回作成して使い続けるのが良いことではありません。それだけでは、ある時点での仕事を繰り返すだけになりがちです。**改善とは現状をより良く変え続けていくこと**ですから、それに合わせて、**手順書自体も必要のつど改善**していきます。

[業務手順書]

業務手順書

業務名・範囲	業務目的	アウトプット	顧客
顧客Webサイト掲載記事の作成と修正	顧客Webサイトへの集客数(PV数)の増加／毎月1万PVのアップ	顧客Webサイトへの新規掲載記事の作成／既存掲載記事のリライト	ZZZ食品株式会社 マーケティング部

ABC株式会社XYZ部　　202X/9/2

プロセス	業務フロー（顧客／自部門／関係部門・外部）	システム	品質／異常判定基準	要求サービス	急所	報告連絡事項・時期	特別なスキル 要件	過去のトラブル 事例
次月企画（顧客）	① 掲載テーマの提示		提示されたテーマがヘルパソナがイメージできるテーマか否か	テーマに対する質問は24h以内に返さないと託した思を見なされる		受託の意思を明示する		顧客像とヘルパソナの一致性について見解の相違があってクレーム
	② 読者ペルソナの検討		顧客のビジネスにおける顧客像とヘルパソナ一致または合致されていること		顧客像とヘルパソナの像を顧客に必ずしてもらう		ヘルパソナ設定力	
	③ 集客キーワードの選定	キーワード検討ツール	選定キーワードの合計検索数が10万を超えること					
	④ 記事構成・ストーリーの作成		ストーリーの中に読者の興味を引くノウハウの事例が組み込まれていること	記事ストーリー提示は3日以内に行う	ヘルパソナの興味を引くためのどこかを明示して報告する			
	⑤ 記事の執筆（ライター）	文章校正ツール	タイトル/キーワードは盛り込み30字以内/正式キーワードは3回以上でなるべく冒頭	評価は24h以内に行い、結果をライターに返す				
	記事ストーリー化の評価			ストーリーが問題ない場合のキーワード修正は担当部門で行う	当該公開日以内にラフ記事を提出させ、掲載、ストーリー違反の有無を行う		テーマに対する記事の専門知識と執筆経験の有無	
	キーワード選定込みの評価							
	盗作有無の評価		盗作箇所は第三部にコピペ箇所についてわかる					顧客より盗作疑惑のある文章の指摘があった

具体的行動

　チーム内で各人が行う業務について各々が業務手順書を作り、それを業務手順の標準にする。

事細かに手順を決めると、工夫や改善の余地を奪う

●仕事の手順を決め過ぎない

　仕事の手順を定めるのは、作業の順番が人によって変わることで仕事の品質が変わってしまうことを防止するためです。同じ手順で作業をすれば、その作業からのアウトプットの品質は原則、同じになります。

　ところが、このことに縛られ、仕事の品質に関係ない作業の順番や方法まで事細かく決めてしまうことがあります。行き過ぎた手順化は、実態とかけ離れた仕事を人に強いるだけでなく、仕事における工夫や改善の余地も奪い、仕事を膠着したものにして、人の成長や仕事の進化も阻むことになります。

●フローチャートで手順を見える化して改善

　そこで、現在の手順書を確認し、あえて規定する必要がない部分を探します。もし、**規定する必要のない手順や異なる手順があれば、そこがムダ**となっているところです。

　このムダの発見法は次のとおりです。まず、**手順書をフローチャート型で作成**します。これにより必要最低限の作業の順番を規定して、実際に作業を行ってみます。そして**作業手順上、不要**

な作業があれば**フローチャートにそのことを記し、必要作業を明確に**していきます。

　フローチャートで手順を見える化することで、過剰や重複がチーム内で共有できるほか、抜け漏れも発見でき、品質の高い標準作業が行えるようになります。

［　セミナー開催のフローチャート　］

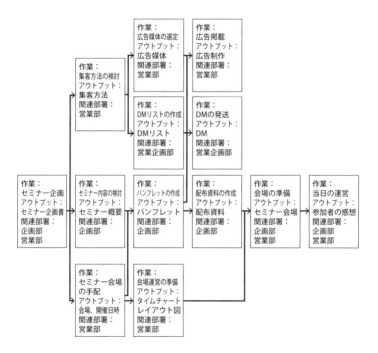

具体的行動

　チーム内で作業手順をフローチャート化し、過剰や重複を発見してムダ取りを行う。

問題箇所に印をつければ、不備が共有化される

●手順を人に聞くことの問題

たまに行う作業で手順も複雑であれば、業務手順書に頼らざるを得ないでしょう。しかし、その業務手順書にわかりにくいところがあれば、その作業手順に詳しい人に聞くことになりますが、このこと自体が仕事のムダです。この反省をもとに、業務手順書を改善すればいいのですが、そのまま放置しておけば、同じムダを繰り返すことになります。

そうならないために、すぐに**業務手順書の問題箇所にマークを記します。何が問題かをふせんなどに書いて手順書に貼っておくと後からの処置がしやすくなります。**

業務手順書自体は間違っていないものの、顧客や他部門のイレギュラーな対応、たとえば取引条件が変わったり、業務の流れや方法の変更により特別な作業が追加される場合は、その事情や理由をふせんに書いて該当する手順に貼っておけば、問題が共有化され、作業手順の見直しのアイデア出しに有効です。

こうした問題を1つ1つ解消していく仕事のやり方は生産性や品質を高めるためのノウハウとして蓄積され、それがやがてはノウハウが詰め込まれた手順書として職場の宝となっていきます。

[　ふせんを使った手順書の改善　]

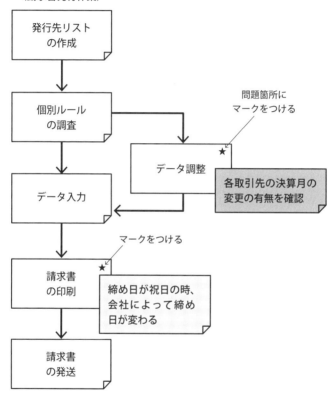

具体的行動

　業務手順書がわかりにくければ、その手順をフローチャートにして
問題を特定し、速やかに改善する。

必要な準備を書き出せば、手戻りは減る

●思い込みによる準備未完を防ぐ方法

　品質の良い仕事ができるかどうかは準備次第だと言っても過言ではないでしょう。逆に言えば、**準備が未完のままの仕事は品質低下を引き起こす元**ともなります。

　また、準備未完のまま着手すれば、どこかで手戻りを引き起こします。初めからやり直すムダということです。

　準備が完了しないまま作業してしまう原因の1つに、思い込みがあります。思い込みは同じような仕事を繰り返しているときに発生しやすいものです。たとえば、DMで案内する商品が変わったため、送付先データを修正しなければならないのに、既にそれは作成したと思い込んでしまうような場合です。

　こうした思い込みを防ぐには、**必要な準備を書き出してチェックリスト化し、手順書や計画書、指示書などその作業を行うときに必ず見るものに添付**しておきます。

　仕事の準備がしっかりできていると気持ちに余裕が生まれます。気持ちや時間に余裕があれば、落ち着いて仕事ができるのでミスやムダを防ぎます。

［　準備確認チェックリスト　］

〈作業指示書〉

作業内容：
ABC社向けXYZシステム概算提案書

目的：
ABC社において来期、XYZシステム導入の
予算取りのため

準備確認チェックリスト

現システムの課題と運用コスト	☑
システム投資戦略方針	☑
現システムの構成図	☑
パッケージとメリットデメリット	☑
システム要員の運用能力評価	☑

担当：○○

事前準備を怠らない人はミスが少なく、信頼が得やすい！

具体的行動

　準備未完のまま作業を進めてしまうことで発生するムダを防ぐために、必要な準備がわかるチェックリストを作っておく。

属人化した手順では、チーム内で共有できない

●属人化された業務手順書の問題

業務手順書は仕事ができる人が中心になって作成されることが多いのではないでしょうか。その場合、手順はその人の経験に基づいて属人化した業務手順書になりがちです。これが極端になるとその人にしかわからず、誰もが使えるものではなくなります。

これと同様に、現場の人たちの人員数や各人の作業レベルを知らずに仕事の流れを思い描いて作成する机上の業務手順書も不備が生じがちになり、ムダを発生させかねません。

●手順をつくる＝標準をつくる

手順をつくるということは標準をつくるということですから、**誰が行ってもその業務ができることが大前提**です。まず業務担当者が「**プロセスマップ**」で手順を明示します。プロセスマップとは、現在の業務を、ふせんなどを使って1カード1プロセスを基本単位として記入し、それを作業順に並べた手順書です。

誰もが使えるプロセスマップにするには、たとえば業務を引き継ぐ人との問答や、実務の中であいまいな点を明確にしたり、抜け漏れやこれまで発生したトラブルなどを反映してつくります。

［　請求業務プロセスマップ　］

業　務　名	目　的	アウトプット	実施時期
請求書処理 （外部委託）	請求ミスがなくスムーズ な支払いのため	経理処理のための 支払申請書	毎月 総工数 468時間/年 コスト 1,123,200円／年

手　順	目安工数	帳票／システム画面	急所／クリティカルポイント
1 《請求書と控えが届く》 ・システムより、請求書と控え を毎月5日に印刷出力 ・宛先、日付、科目の確認	120件 /月 2分/件 工数 240分 /月	『請求書（控）』	5日が休日の時は、翌休日明け の平日に行う
2 《コピーとファイリング》 ・請求書控えはコピーをする ・月別ファイリングする ・未出力請求書の確認とフォロー 〈変更〉 前プロセスで請求書控 えを2部出力し、請求書 控えのコピーをやめる。	120件 /月 3.5分 /件 工数 420分 /月	『請求金額表』	前月請求分と照合してからファ イリングすると抜けが見つかり やすい。
3 《業者への請求書送付》 ・業者へ請求用としての請求 書と控えの2種類を郵送 ・1週間以内に誤記訂正を 受け付け修正する 〈変更〉 新規請求以外で訂正は皆 無ということなので、リピー ト請求の支払いデータ作成 は、請求書出力時同時に自 動で行われるようにする。	120件 /月 8分/件 工数 960分 /月	『送付案内』	誤記訂正依頼を受けたものは、 ファイリングしてあるコピーの請 求書と照合して、OKのモノに○ 印をつけておく。
4 《支払いデータの作成》 ・誤記訂正済みのものにつ いて支払いデータ作成 ・経理システムにて請求書 コードNO.を入力して、 支払いデータを作成 ・請求支払申請書出力、部 長の承認を得てから経理 に送付	120件 /月 6分/件 工数 720分 /月	『請求支払申請書』	ファイリングしてあるコピーの請 求書の○印のついているモノ から支払いデータを作成

具体的行動

　業務担当者がふせんなどを使って作業手順を書き出し、プロセス
マップをつくってチーム内で共有する。

仕事の変更の見える化で、重複と抜け漏れが減る

●重複や抜けの発生を見える化する

　チームでプロジェクトに取り組むとき、領域別・機能別・プロセス別などの分け方でなるべくシンプル化してから担当者を割り当て、重複や抜け漏れがないように注意するものです。ところが、実際にプロジェクトを進めていくと重複や抜け漏れが起こったりします。仕事の根幹に関わる部分での重複や抜け漏れがあれば被害は甚大です。そうした大きなリスクほど途中では気づかず、完成間際の最終段階で発覚したりします。

　重複や抜け漏れの予防には、**いつそれが発生するのか、何がきっかけで重複や抜け漏れになるのか、過去の事例から知ること**です。多くの場合、追加・変更などが入ったときに起こります。こうしたとき、それによって割り当ての仕事の範囲が変わっていないか、範囲外の仕事が発生していないかを確認します。

　それには、各担当に割り当てている仕事をカードなどに書き出して、掲示板に貼り出す方法があります。**仕事の追加・変更が発生のつど速やかに、影響を受ける仕事カードを所定の場所に貼って見える化**します。これにより、仕事の重複や抜け漏れが発生段階で突き止められます。

［　担当別掲示板　］

プロセス別 着手前	作業中（担当別）				完了
	山田	鈴木	松本	確認・調整	
顧客要件定義　カード	カード		変	カード	
カード　カード					カード
システム要件定義　変				カード	カード
カード　カード		カード	カード		
ハード設計		カード			カード　カード
カード　カード	カード	変			

定例業務に慣れた職場ほど仕事の変更の対応が弱い。そんなときこそ、「仕事の見える化」が大事！

具体的行動

　プロジェクトでは追加・変更が起こるつど、用意した掲示板とカードでその事実を速やかに見える化しておく。

プロセスの見える化で、作業に責任感が生じる

●業務委託のプロセス管理を見える化する

　業務を外部に委託するとき、納品（サービス提供）されるアウトプットが規定どおりであれば、それ以上委託先の業務の取り組み状況は確認しないことがあるようです。これだと委託業務のプロセス管理を果たしていないことになり、遵法性にかかわる不正などを生み出す温床になりかねません。そこで、外部委託プロセスの実施状況を見える化します。

　それには外部に委託するプロセスのフローチャートを作成し、プロセスの概要とそこでの作成物と検査などの品質管理作業について整理したうえで、管理ポイント（監視事項と監視のタイミング）を明確にし、委託先からの納品時管理ポイントにおける管理の記録となる「**外部委託プロセス管理シート**」を提出してもらいます。

　管理ポイントの記録は○×だけでなく、正常状態を客観的に示すデータやコメントなども記入してもらうことが大切になります。実際の作業者に記入してもらうことでそのプロセスにおける自分の作業を振り返ってもらい、責任を持って作業してもらうことがシート作成の目的でもあります。

[　外部委託プロセス管理シート　]

外部プロセスの実施状況とその異常を見える化する

外部委託プロセス管理シート(12月分)

2019年12月25日

承認	確認	作成

対象サービス／プロセス	対象システム
2019年度法改正対応 税計算修正開発委託	医療機関向け会計システム

開発委託先と委託範囲	開発期間と開発工数
コンサルソーシング株式会社(名古屋市)	2019年12月1日〜2019年12月14日
税計算モジュールの開発	6.5人月

管理点と項目	確認証跡	提出評価	適切評価
・要件定義の合意の確認	2019年改正消費税の要件確認	○	○
・計算式の手計算による検証の確認	新たな消費税率で計算確認	○	○
・システム設計書の変更確認	消費税率の変更確認	○	△→○
・テスト仕様書の変更の確認	新消費税率でのテスト項目追加		
・			
・			
・			
・			
・			
・			

確認した足跡を残させる

指摘事項	処置
システム設計書の変更確認　2019.12.21 税計算モジュールではない金利計算モジュールの一部 変更が必要なことが判明	契約範囲に金利計算モジュールを含めるとともに、金利計算モジュールの経験者を開発メンバーにいれる体制変更をした

管理点は少なくまとめ、かつそのプロセスが正常なのか異常なのかがはっきりと判断をつけられるものとする

具体的行動

外部への業務委託する際に確認すべきプロセスを洗い出し、チェックシートとして発注元と委託先で共有する。

タスクをすべて洗い出し、カードで見える化する

●タスクカードを活用する

ある仕事に着手中に、突発的な割り込み仕事が発生し、当初の仕事の見通しが立たなくなることがあります。こうした場合に備えるためには、仕事の全体像を把握しておかなければならないですが、それには事前にその仕事に関わる作業（タスク）をすべて抽出しておくことです。

まず、**仕事に着手する時点で明確になっているタスクはふせんなどを利用して「タスクカード」として作成します。続いて、発生可能性のある不明確なタスクを「未確定タスクカード」として作成**します。

そして、すべてのタスクカードをホワイトボードなどに貼り出しチーム内で見える化し、**「未確定タスクカード」の発生が確定次第、通常の「タスクカード」に変更**していきます。

これにより、現在明確になっているタスクと潜在的なタスクも含めて、職場が抱えているタスク全体を把握することができます。

全体が把握できることで、仕事の割り振りや残業の可能性などを考慮したダンドリができるようになります。

［　未確定タスクカード　］

●今はっきりしている作業だけの場合

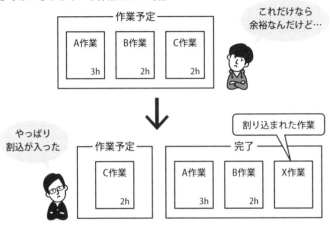

●未確定のタスクカードを使用

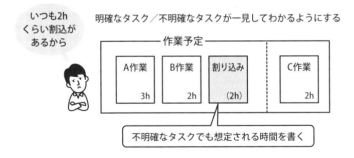

具体的行動

　通常の作業を「タスクカード」、潜在的な作業を「未確定タスクカード」に書き出し、整理する。

123

 **Coffee Break**

メールの開封確認はムダ？

●メールの確認の葛藤

　受信したメールを見ようとするとメールソフトが開封確認を差出人に返信しますかと訊いてくることがあります。みなさんはこの開封確認を差出人に返信しますか？

　私の周りの人に聞いたところ、「まだ開いていないのに読んだと思われたくない」「開封＝了解・承認と相手に思われたくない」などの理由でほとんどの人が開封確認の返信をしない派でした。

　このように開封確認の返信をしない人が多いにもかかわらず、開封確認つきメールを送信することはムダということになりますね。

　また、メールの多くは往復のやりとりです。その相手に開封確認を求めているのなら、それも開封確認のムダといえるのではないでしょうか。

　自分も相手もムダな時間にならないために、開封確認をしなければならないメールの基準を明確にしてはどうでしょうか。たとえば緊急の連絡などが該当しそうですが、ただ、そうした場合は電話もしくはチャットメールのほうが早いかもしれません。開かなかったら相手にスルーされたと思われるのも嫌ですよね。メールのやりとりに何かよい改善策はないものでしょうか。

第3章

情報共有効率化への
改善

定例化している会議と報告の
ムダを削減し、仕事時間を有
効化するための改善手法⓰

会議の状態を振り返り、報告だけのものは廃止する

●**会議の内容を見える化する**

　ムダな会議は廃止すべきですが、それには会議の場で確認する必要のない報告（正常な状態についての報告）、異常事態について参加者で解決策等の協議が必要な議事（異常な状態についての検討）、臨時の追加会議など、これまで行ってきた会議の内容を検証して、必要の有無を職場内で話し合います。

　具体的には、会議それぞれについて「**会議名**」「**会議の目的**」「**全体時間と議事ごとの時間**」「**議題に取り上げた理由**」「**場の状態（参加者の様子）**」などを一覧できるようにまとめた資料をもとに必要の有無を検討します。不要になった会議での報告書等については、共有フォルダなどに入れておき、職場内でのアクセスを可能にしておきます。

　そのうえで、メンバーが集まって行う会議はどんな目的のために開かれるものかを共有し、そこでの「討議テーマ」「参加者」「進行方法」「時間」「意思決定の基準」などについて、一定のルールを決めて実際に行ってみます。そこで不具合があれば見直し、より実践的にしていきます。

[　会議の内容の検討　]

日付	会議名	会議時間(分)	議事（実施したもの）		議題に取り上げた理由				場の状態		対応策（次にやらないためにどうするのか）
			議題	時間(分)	正常	異常			読み上げ	1to1	
						追加	修正	やり直し			
6/1	営業本部全体会議	90	5月度営業結果確認	20	○						報告書提出
			6月度営業目標確認	15	○						報告書提出
			7月度営業イベントPJ説明	15		○					
			研修会場使用調整	10		○				○	研修運営担当のみのミーティング
			データ入力注意事項	15			○				データ管理担当者のみでミーティング後、チーム内に発信
			各チームからの連絡事項	10		○					
			今月度行事確認	5	○				○		掲示板の活用、または、部内掲示
6/2	チームスタート会議	60	5月度支社別結果報告	20	○				○		報告資料提出。異常点のみ会議で共有
			6月度支社別目標確認	10	○				○		確認資料提出。異常点のみ会議で共有
			支社別フォロー重点事項	30		○					

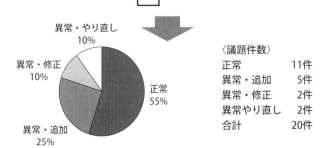

〈議題件数〉

正常	11件
異常・追加	5件
異常・修正	2件
異常やり直し	2件
合計	20件

異常・やり直し 10%
異常・修正 10%
異常・追加 25%
正常 55%

現状分析　202X年6月1日〜6月14日

具体的行動

　職場内の過去の会議の内容をメンバーを集めて振り返ってみて、行う必要性のあるものとないものを振り分ける。

開催趣旨の吟味で、有効な時間が生み出せる

●何のためのミーティングかをよく考える

　ミーティングが多い職場はコミュニケーションが良いと思われがちですが、一概にそうとは言い切れません。むしろ、ミーティングが多いのは問題が多いからコミュニケーションを取らざるを得ないとも考えられます。実際、**良い仕事をしているチームほど意思疎通が問題なく取れていることでミーティングは必要最小限で済んでいたりします。**

　ミーティングが多いのは管理力が弱いことの証左かもしれません。頻繁にミーティングをすることで管理者がその上司にマネジメントをしていることを示すために本来は不要なミーティングを行っている残念な組織もあります。これでは組織目標の達成のためではなく、ミーティングのための仕事となり、まったく生産性に結びつきません。

　こうしたムダを取ることこそ、業務改善に直結します。そこで自分の職場のミーティングや会議の開催状況を改めて見直してみてはいかがでしょうか。その中で**敢えてメンバーが集合しなくてもいいようなものはムダとして廃止**し、その時間を有効活用することで組織の生産性を高めましょう。

[会議の見直しと管理方法の改善]

大区分（目的）	中区分（種類）	小区分（パターン）／会議名	管理まずさ	不要	管理の方法の改善
進捗報告	定期会議	正常認知事項の定期報告	○	○	報告書提出、掲示板報告
		異常認知事項の定期報告			会議
		正常不認知事項の定期報告	○	△	正常認知基準を明確化し、報告書または会議
	不定期会議	正常認知事項の緊急報告	○	○	不要
		異常認知事項の緊急報告		△	異常事項関係者のみのミーティング
		正常不認知事項の定期報告	○	○	管理責任者への直接報告による正常・異常認知後の処置
連絡	業務連絡	単発業務連絡			会議終了直前連絡
		繰り返し業務連絡	○	○	一番最初に案内（掲示板）、変更時のみ会議内連絡
		緊急業務連絡			議事中断連絡
	変更連絡	単発変更連絡（継続を前提としない）	○	○	会議終了直前連絡
		継続的繰り返し変更連絡	○	○	変更履歴付き報告書による連絡
		緊急変更連絡			議事中断連絡

具体的行動

　職場内の会議・ミーティングの開催状況を棚卸しし、開催目的が合理的かどうかを吟味して必要なものに絞り込む。

目的に合う参加者にすれば、会議の質が改善する

●慣例的な会議への参加のムダ

職場内の会議が全員参加が慣例となっている場合、全員参加の理由がこれまでそうしてきたし、一応全員に情報共有してもらうことに意味があると考えるからのようです。しかし、そうした会議の参加目的をよくよく考えてみると、果たして意義があるのか、明快な答えが見つからない場合も多かったりします。ムダな会議に参加することほど有益な時間を奪うことはありません。

●目的に準じて参加者を絞り込む

そこで、まず**会議と議題ごとに参加者をリストアップしてみて、参加の意義を評価**してみます。ここで誰が参加すればよいのかを検証し、**必要な人を絞り込みます**。たとえば、職場内で意思決定するような検討会議では管理者と議事提案者の出席にし、会議の結果は議事録を回覧するという方法で共有します。

会議の目的に準じた参加者に絞り込むことで、その議事の当事者同士が真に必要な意見交換や討議ができるようになり、**会議の質が向上**します。また、これまで慣習で参加してきた人たちにとっては、その時間を本来の業務にあてることができます。

［　議題別参加要否確認　］

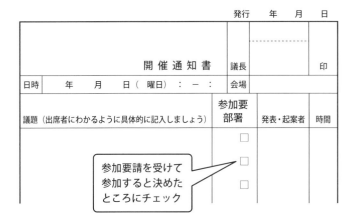

発行　年　月　日			
開 催 通 知 書	議長		印
日時　　年　　月　　日（　曜日）：－：	会場		
議題（出席者にわかるように具体的に記入しましょう）	参加要 部署	発表・起案者	時間

参加要請を受けて
参加すると決めた
ところにチェック

企画検討会議

部長　　課長　　起案者A

起案者B　起案者C　起案者D

予算計画会議

部長　　　　課長

経理担当

会議の目的に応じて参加者を
精査することで会議の質を向上させる！

具体的行動

　これまでの会議を振り返り、会議ごとに真に必要な参加者を検証し、会議の本来的な意義を問い直す。

毎日の短時間開催で、相互確認のムダが省ける

●間隔の開きすぎたミーティングは「忘却のムダ」を生む

定例ミーティングの適切な開催頻度を考えたことがあるでしょうか。通常、毎週や隔週、月に1回など慣例に従って行う職場が多いようです。

しかし、前回のミーティングを受けて進捗管理などをする場合はあまり間が開きすぎると、何を確認すればいいか議事録を見返さないと忘れているようなこともあるかもしれません。これは「忘却のムダ」ともいえることです。

●短時間ミーティングを毎日開く効用

こうならないためには、**進捗管理などを目的とするミーティングであれば、毎日決まった時間に短時間で行う**ことをおすすめします。昨日のことなのでわざわざ前回何を確認したかを振り返らずに済みますし、短時間で行えば集中してメンバー間のスケジュールがお互いに把握することができます。たとえば、これまで週1回60分の会議を毎日10分のミーティングに変えることで要点を絞った相互確認ができますし、メンバー同士のコミュニケーションの質という意味でも良い効果が期待できます。

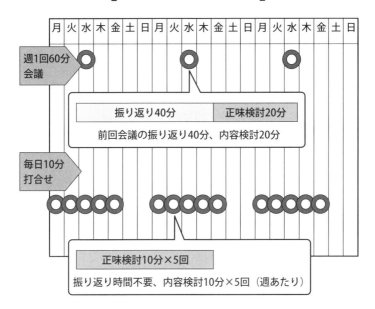

[週1から毎日への変更]

|月|火|水|木|金|土|日|月|火|水|木|金|土|日|月|火|水|木|金|土|日|

週1回60分会議

振り返り40分　正味検討20分
前回会議の振り返り40分、内容検討20分

毎日10分打合せ

正味検討10分×5回
振り返り時間不要、内容検討10分×5回（週あたり）

短時間ミーティングは職場のメンバーの仕事の状況のほか、体調やモチベーションの状況を知るためにも有効。

具体的行動

　進捗確認などを行う定例会議を毎朝定刻に10分にするなどして、会議の質を向上させる。

1議題ごとに時間を決め、
議題を事前に周知する

●ありがちな「不毛な討議」

　会議では最初の議題に時間を使い過ぎて残り時間がなくなり、未審議の議題は駆け込みで討議したり、時間延長や後日再び会議を開くといったことが皆さんも経験あるのではないでしょうか。

　また、意思決定が必要な議題について、参加者が判断に必要な情報を事前に備えていなければ、推測や憶測、仮定などの意見に終始しかねず、不毛な意見交換の場になりかねません。こうした場では、曖昧な意思決定や審議未了となりかねないどころか、会議参加者のモチベーション低下も招きます。

●議事ごとに時間を決める

　これを防ぐには、1議題ごとに討議時間を決めることです。仮に、決めた時間を超えたらいったん後回しにして次の議題に移ります。これを徹底して行えば、参加者に集中して時間内に討議する習慣が身につきます。**時間制約があると、主観的な意見や好き嫌いの個人的な意見が減り、会議の生産性が向上**していきます。

　また、**事前に議題を参加メンバーが共有していればその議題への準備もできるので、会議時間の短縮**につながります。

[議題別タイムスケジュール]

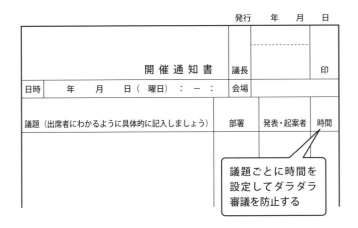

			発行　年　　月　　日		
開 催 通 知 書			議長		印
日時	年　　月　　日（　曜日）　：　－　：		会場		
議題（出席者にわかるように具体的に記入しましょう）			部署	発表・起案者	時間

議題ごとに時間を
設定してダラダラ
審議を防止する

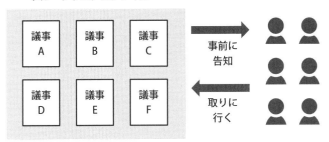

グループウェアにファイル

議事A	議事B	議事C

事前に
告知

議事D	議事E	議事F

取りに
行く

議事を事前に共有しておくと、進行が早まる！

具体的行動

　会議主催者は議題ごとの時間配分を決め、参加者が事前に情報収集
できるように会議開催の数日前に議題を共有しておく。

出席状態の見える化で、定刻開始ができる

●遅刻者が遅刻者を生む悪循環

　時間が決まっているような定例会議であっても開始時間に遅刻する人がいて、その人を待つことですでに待機している人の時間をムダにすることがあります。

　規律の遵守が曖昧なチームだと、遅れる人がいることを見越して自分も遅れてもいいだろうと考える人も現れ、ムダがさらにムダを生む悪循環に陥りがちです。

●会議出席表による管理のすすめ

　予定開始時刻ちょうどに会議が始められるようにするには、**会議出席表を職場に掲出したり、グループウェアなどで管理**します。そして**開始時刻前に会議室に入っていたらシールを貼るなどして、ルールどおりの行動をした人がわかるようにします**。全員できたときはチームの欄にシールを貼れば、チーム活動であることも強調できます。

　こうして行動を見える化しておけば、望ましい行動を確実に行う動機付けになります。

[　星取表での行動管理　]

	11/15 MTG	11/16 MTG	11/16 全体会議	11/17 MTG	11/18 MTG	11/18 改善 MTG	11/19 MTG
山本	●	●	●	●			
坂下	●	外出	●	●			
西田	●	●		●			
川崎	●	●	●	●			
全員	★			★			

会議を定刻に始めるには開始5分前には全員が準備できている状態を習慣にしよう。

具体的行動

　会議出席表を作成し、定刻どおり参加した人にシールを貼り、全体の様子を見える化しておく。

結論を先にすると、内容が論理的に整理できる

●報告は結論が先

　会議で時間のムダだと思えることの1つに、要領を得ない報告があります。たとえば、次のようなケースです。

　「新製品を〇〇社様に提案してきました。調達担当のAさんに面会してご説明したところ、ユニバーサル化に対応した当社のXYZ機能はAさんではなくBさんが詳しいとのことで、日を改めてBさんに面会をしました。〇〇社様では今年度よりユニバーサル化機能の採用を始めるとのことで、当社の競合にあたるLMN社のユニバーサル機能搭載製品の導入を考慮していることから当社製品も検討してもらったのですが、LMN社以上のパフォーマンスは当社製品にはないとのことから失注になりました」

　顧客への提案の経緯を説明して期待を煽りながら、最後で失注したという残念な報告ですが、聞いている側からすれば、「先に結論を言えよ！」という思いになるのではないでしょうか。

　この流れに沿っての報告や提案などは、聞き手の時間を奪う行為に他なりません。こうしたときの報告は、まず結論が最初です。**結論が最初で、続けてその要因を報告する流れにする**と、報告者も聞き手も内容を論理的に整理することができます。

【　報告・連絡のまずさがミスを流出させる　】

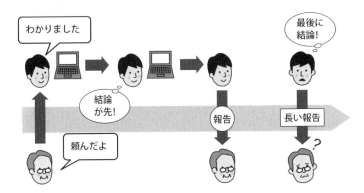

【　正しい報告・連絡でミスの流出をなくす　】

仕事の報告のさせ方チェックリスト	
1	先に結論を述べさせる。要因や経緯は後から説明させる。
2	報告のタイミングを教える。悪い報告ほどはやく！
3	事実と意見は区別させる。
4	結果−要因−対応の関係を説明させる。
5	過剰な報告をさせない。

仕事の連絡のさせ方チェックリスト	
1	事実を連絡させる。事実のみを正確に明確に伝えさせる。
2	内容を問わず迅速に連絡させる。
3	必要な情報を必要な人全員に漏れなく連絡させる。
4	場面に適したものを選択し、連絡手段の使い分けができるようにさせる。
5	重要連絡は伝わったか否か確認させ、確実に伝わるようにする。

【具体的行動】

　テーマ（議題）に対して先に結論を述べ、その後にその要因や理由を整理して伝える習慣を身につける。

結果→要因→対応で書くと、うまくまとまる

●時系列に書き流すだけの作業日誌にしない

　報告書とは本来、指示された仕事の結果を記したうえでその結果に至った要因分析を示し、偶然ではなくプロセス管理を行ったうえで仕事を遂行したことがわかる文書です。

　これを報告するのだからと実施した経緯を時系列に記したものは単なる作業日誌と変わりありません。先述したように、報告はテーマに対して、結果とその要因が端的に整理されていなければ要領を得ないことになります。

　ムダのない報告書とは結果を先に述べることが基本です。そして、**指示された仕事に対する結果→要因→対応の関係をわかりやすく説明する**ものです。このとき、時系列ではなく結果に対する要因ごとに、そして結果に最も影響のある要因から順番に書いていくようにします。結果と要因の関係を関係図のようにして整理しておくとまとめやすくなります。

　こうすることで、仕事の完了と次への作業指示の判断のためになる報告となり、管理者はメンバーに次の仕事の依頼が適切にできるようになります。**報告及び報告書は「結果→要因→対応」**という公式に基づいて行うようにしましょう。

[要因と結果の関係図]

●経過報告

```
┌─────────┐   ┌─────────┐   ┌─────────┐   ┌─────────┐
│DM名簿を  │   │透明封筒で│   │アウトバ  │   │新規顧客の│
│新たに作り│ → │DMを発送  │ → │ウンドコール│ → │受注が取れ│
│直しました│   │しました  │   │しました  │   │ました    │
└─────────┘   └─────────┘   └─────────┘   └─────────┘
```

●結果と要因の関係報告

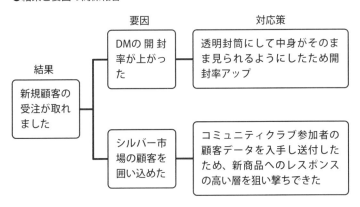

要因　　　　　　　　　対応策

結果

```
┌─────────┐       ┌─────────┐   ┌──────────────────┐
│新規顧客の│───┬───│DMの開封  │───│透明封筒にして中身がそのま│
│受注が取れ│   │   │率が上がっ│   │ま見られるようにしたため開│
│ました    │   │   │た        │   │封率アップ                │
└─────────┘   │   └─────────┘   └──────────────────┘
              │   ┌─────────┐   ┌──────────────────┐
              └───│シルバー市│───│コミュニティクラブ参加者の│
                  │場の顧客を│   │顧客データを入手し送付した│
                  │囲い込めた│   │ため、新商品へのレスポンス│
                  └─────────┘   │の高い層を狙い撃ちできた  │
                                └──────────────────┘
```

●報告の基本公式

```
┌──────┐      ┌──────┐      ┌──────┐
│ 結果 │ ──→ │ 要因 │ ──→ │ 対応 │
└──────┘      └──────┘      └──────┘
```

具体的行動

　報告及び報告書の作成は「結果→要因→対応」という公式に基づい
て行う。

要点を絞ると、
行動しやすくなる

●読み上げるだけの報告書のムダ

配付資料や報告書を書かれたとおりに読み上げるだけの会議。各自が読めば済むものを、参加者全員がじっと聞きながら手元の資料を目で追いかける場。時間のムダとしか思えません。

会議の有効化と効率化には、報告書は意図する結論に関する部分を太字や下線などで明示しておきます。そして報告者は参加者に何を求める報告なのかを冒頭で示し、要点を端的に示します。

●会議での報告の目的は行動を促すことにある

そもそも**会議での報告は「伝える」ことだけが目的ではなく、伝えることで参加者が「行動する」ことに**あります。これは意思決定を促す報告はもちろん、業績報告など数字の結果を伝える場合も一緒です。予測とは違った売上高となれば、その差異についてどんな行動を起こすべきかを考えるきっかけになります。

伝えるための報告書から、結論や情報を得ることで行動を促すことを目的とした報告書にすることによって、報告のための仕事から何かを得るための仕事のスタイルにメンバーの意識が転換されていきます。

［　トヨタ式A3報告書　］

テーマ	Step4 真因の特定（要因解析）
Step1 問題の明確化	
	Step5・6 対策立案・対策実行
Step2 問題の特定（現状把握）	
Step3 目標の設定	Step7・8 効果の評価・標準化 / 反省・今後の取組み

トヨタに伝わるA3報告書は、問題解決や企画、提案などに1枚で簡潔に伝わるフォーマットであり、合理的に改善活動を進めるうえで大変参考になる。そのステップは以下のとおり。

Step1　問題を明確にする　　　Step5　対策を立案する

Step2　問題点を特定する　　　Step6　対策を実行する

Step3　目標を設定する　　　　Step7　結果と取組みを評価する

Step4　真因を特定する　　　　Step8　実行結果を標準化し共有する

▌具体的行動

　報告書は「背景」「要点」「結論」が端的にわかりやすく記述し、「伝える」のではなく、「行動を促す」ように報告する。

電話の有効性の見直しで、確実に伝達できる

●緊急連絡をメールで行う問題

　緊急連絡をメールだけで行ったりすると、相手先が速やかに内容確認できなければ問題となることがあります。つまり、速やかに確実に伝達すべき緊急連絡の場合、メールのみの伝達は回避したほうがいいということです。

　仮に、緊急連絡をメールだけで行っていたりしたことがあれば、それがどれほど緊急性という目的を果たしたかを調べてみることをおすすめします。意図どおりのタイミングで相手は対応したかを振り返り、きちんと伝わらなかった場合があれば、どんな問題が起きたかを職場内で確認します。

●電話の有効性を再確認する

　全員に一斉に周知するにはメールも有効ですが、**管理者など特定の人に確実に伝えるときは電話が最も信頼の置けるツール**です。電話ならメールと違って相手につながったかどうかが瞬時にわかります。確実に速やかな伝達は電話を使い、内容の詳細連絡はメールで補完するなど、緊急連絡内容に応じて事前に方法を決めておくとよいでしょう。

［　緊急連絡手段の変更　］

［　緊急連絡のポイント　］

具体的行動

　チーム内の緊急連絡網を再整備し、電話かメールかなど、緊急度合いに応じて使うツールを取り決めておく。

時間や順番を決めておくと、簡潔に伝えられる

●「5W1H」を活用する

　仕事における連絡においては、用件は簡潔に伝えることでお互いの時間のロスを防ぐことができます。そこで用件を伝えるとき、ふだん自分はどのように行っているかを振り返り、ムダに時間を要していないかを調べてみましょう。

　用件が長くならないようにするには、「3分以内」など伝達の時間をあらかじめ決めておくことです。

　また、用件が複数ある場合は、あらかじめそれぞれの内容について、必ず伝えるべきポイントを簡条書きしたメモを用意します。複雑な内容なら伝える順番を整理しておきます。こうしたときに**伝達内容の抜け漏れを防ぐのに有効なのが「5W1H」による**チェックです。これは報連相にも応用できます。

- **Why：なぜ、何のために**
- **How：どのように、どのような手段で**
- **Who：誰が**
- **What：何を**
- **When：いつから、いつまでに**
- **Where：どこで、場所は**

[　伝達事項のメモ化で頭の整理　]

〈伝達事項〉　　　　To：　　　（　　　分）

用件①

　目的：

　アウトプット：

　要点：

用件②

　目的：

　アウトプット：

　要点：

□5W1Hは明確か？　□抜け漏れはないか？

5W1Hを常に意識しておくと、
合理的な情報共有ができる人
になる！

具体的行動

　要件の伝達は相手の時間のロスにならないことをチーム内で共有
し、確実に伝えるために伝達事項のメモ化を導入してみる。

ホウレンソウの見える化で、風通しが良くなる

●メンバーの自主性を奪うホウレンソウとは

　報告・連絡・相談、いわゆるホウレンソウは仕事をするうえでの基本です。ただし、上司が部下に対して口頭で済むことでも報告書を書かせたりするような過剰なホウレンソウは、ムダな時間と労力の強要になることに加え、部下に権限委譲をしない過剰な管理ともなります。部下の裁量を狭い範囲で限定すると責任感の希薄化にもつながり、部下の成長や自主性を阻害することになります。

　適切なホウレンソウが行われる職場は、上司・部下ともに成長する土壌を醸成します。上司はメンバーに仕事を委任することで、リスクを予期しながら、マネジメントレベルの向上を図ることができます。一方、**メンバーは権限委譲されることで責任感と自律性を持って仕事に取り組むことができる**ようになります。

　そうした職場環境の中ですべき報告・連絡・相談とは何かを管理者が中心となって見える化すると風通しのよいチームづくりができるようになります。

　対話がよく行われている職場ほど、適切にホウレンソウが行われるものです。その雰囲気をつくるのは、管理者の仕事です。

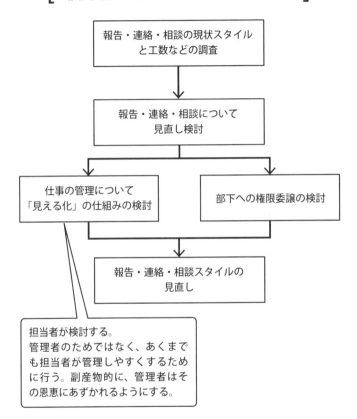

[　権限委譲と仕組みの導入で管理レベル向上　]

報告・連絡・相談の現状スタイル
と工数などの調査

報告・連絡・相談について
見直し検討

仕事の管理について
「見える化」の仕組みの検討

部下への権限委譲の検討

報告・連絡・相談スタイルの
見直し

担当者が検討する。
管理者のためではなく、あくまで
も担当者が管理しやすくするため
に行う。副産物的に、管理者はそ
の恩恵にあずかれるようにする。

具体的行動

　報告・連絡・相談それぞれについて、どんな場合に行うべきかを職
場内で共有する。

各自の予定確認の工夫で、問題は解決する

●**コミュニケーション不足は管理者の問題**

　チームメンバー同士がコミュニケーション不足を起こしている職場では、相互の仕事が把握できないことによる作業の重複が生じることがあります。それを回避するには、チームメンバーが集まって作業の重複がないかを確認し合うことです。

　たとえば、誰かが宅配便の集荷手配を行った後に、その日に発送予定のある人の準備が間に合わず、2回手配を行うことになったなど小さなことで構いません。ちょっとした気配りがなかったこと、予定の共有ができていないこと、お互いのその日の仕事がわからないことなど、**作業の重複が起こった原因を職場内で共有し、対策を考えます。たとえば、「こういう作業では声掛けするようにしよう」**といった標語を掲げたり、スケジュール管理ソフトや毎朝のミーティングで各自の予定を共有するなどです。

　コミュニケーション不足による問題は、「あの人の対応が悪い」「ちょっと言ってくれればいいのに」と人を責めがちになります。そうした状況を改善するには、管理者やチームリーダーが積極的にメンバーと対話すること、そしてチームメンバー同士が雑談し合う場を持つことです。

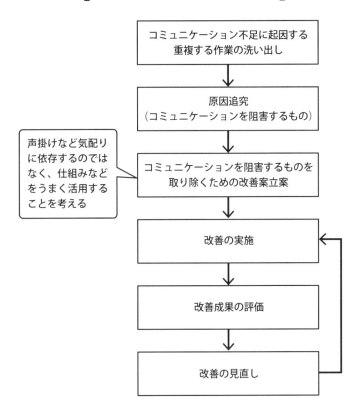

[　コミュニケーション不足の解消　]

コミュニケーション不足に起因する
重複する作業の洗い出し

↓

原因追究
（コミュニケーションを阻害するもの）

↓

声掛けなど気配り
に依存するのでは
なく、仕組みなど
をうまく活用する
ことを考える

コミュニケーションを阻害するものを
取り除くための改善案立案

↓

改善の実施

↓

改善成果の評価

↓

改善の見直し

具体的行動

　対話が積極的に起きる場を作るには、管理者やチームリーダーが声がけをしたり、メンバー同士が話し合える場を作る。

メンバーの意見を聞くことで、方針が浸透する

●メンバーの意見を考慮した方針とは

　方針が共有されない組織はベクトルが揃わず、組織として望む結果を得ることが難しくなります。この状態を改善するには、メンバーが腹落ちする方針や目標にすることですが、それには方針策定のときにメンバーと現場の課題を話し合う場を設けたりして、チームの総意をくみ取ってから策定することです。

　それには組織の方針・目標の策定を支援するツール「**組織目標ディベロッピング**」を使うといいでしょう。これは、組織と自分が今後どうありたいか、どう成長したいかについて、個々の思いや考え、業務に影響する外部環境及び内部環境の課題など1案件につき1枚のふせんに書き出して模造紙などに貼り、グルーピングを行いながら、上位方針にどのようにどの程度盛り込むのかを議論するために使うツールです。

　組織の方針や目標を策定するプロセスでは、メンバー各自の考えを明らかにしたうえで、価値観やものの見方を揃えていくことが重要です。なぜなら、掲げた方針や目標が真に組織のものとなるからです。**自分たちの思いが込められた方針や目標は自分ごととして浸透していきます。**

［ 組織目標ディベロッピング ］

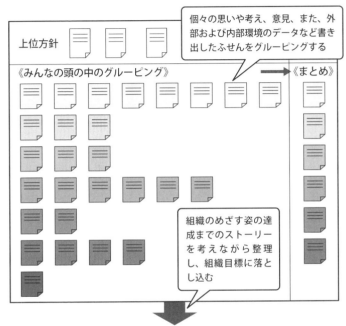

個々の思いや考え、意見、また、外部および内部環境のデータなど書き出したふせんをグルーピングする

上位方針

《みんなの頭の中のグルーピング》　→　《まとめ》

組織のめざす姿の達成までのストーリーを考えながら整理し、組織目標に落とし込む

●年度方針

・利益体質への変革への基盤をつくる
・ＡＡＡのサービス価値向上による顧客への新たな価値の提供で、顧客のファン化に注力する

●202X年度 業務におけるめざす姿と目標

めざす姿（**目的**）
・市場が縮小する中、競合に勝てる利益体質をつくり上げる
・顧客に選ばれるサービス価値のレベルアップ
目標
・営業利益8,200万円
・新規顧客20件開拓
・リピート率前年比10％ＵＰ

【 具体的行動 】

　方針策定はチームメンバーの思いも取り入れるために「組織目標ディベロッピング」などのツールを活用する。

情報共有の工夫で、探す時間のムダが減る

●情報にもジャスト・イン・タイムが必要

　オフィス業務はITの進展により、扱う情報量が日々急拡大しています。"ビッグデータ"とまではいかなくても、さまざまな情報が各所から送られてくる日常の中で、情報整理スキルの習得はより重要さが増してきています。

　こうした"情報洪水"の中では共有すべき情報の保管方法に一定のルールを設けておかないと、どこにしまい込んでしまったかわからなくなり、探す時間のムダが生じてしまいます。

　また、情報もジャスト・イン・タイムの考え方が大事であり、使うときに必要なものが届けられれば、使うまで保管しておかなくて済みます。先に情報が送られてくるというのは、情報を送る側の都合によることが多いものです。**情報はつくる側の基準で送るのではなく、使う側の基準で送るようにすることをルール化しておけば、ムダな保管が解消**されます。

　そこで、受け手がすぐに使わない情報はネットワーク上の共有フォルダに入れておけば、必要とする人が必要なとき必要なものをすぐに探し出せる「ジャスト・イン・タイム」の情報管理ができます。

[　情報はジャスト・イン・タイム　]

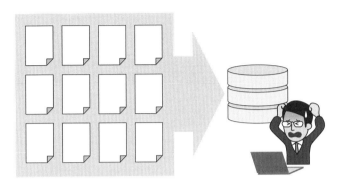

一度に大量の情報を送られてきても、処理できない…

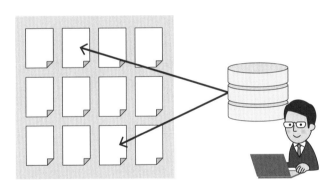

「必要なものを」「必要な時に」「必要なだけ」取りにいける仕組みを
用意しておけば、"情報洪水"に溺れることはない！

具体的行動

　グループウェアを活用して、チーム内で共有すべき情報を体系立て
て整理しておき、必要のつど利用できるようにする。

社内用語の定義で、仕事の目的が共有される

●社内で使う言葉を定義することの大切さ

社内で使う言葉は違う意味になって伝わることがあります。たとえば「見積もる」は、「製造コストを算出すること」として使う場合もあれば、「製造コストから利益を算出すること」として使う場合もあります。依頼者が後者の意味で使ったのに、受け手が前者の意味で理解してしまうと問題です。それと同様に、改善で使う言葉でも活動の狙いを変えてしまうことがあります。たとえば、「効率」と「生産性」です。「効率化改善」だと作業時間の短縮になり、「生産性改善」だとアウトプットの増大になります。

●用語のリスト化

こうした問題を防ぐために、社内でよく使う用語を職場内で出し合ってリスト化し、その意味することを確認しましょう。

リストアップした用語は意味を定義して、用語集としてまとめます。その際、用語の意図する目的を明確にします。たとえば、「効率はコストダウンを図ること」「生産性はコストに対して価値を増大すること」などのように用語の意味が統一されることで、仕事での目的も共有されるようになります。

［　用語集の例　］

用語	定義
注文	顧客よりの注文。納入方法は未確定であり、納入指示を待つ。注文は遵守義務はないが努力義務はある。
確定注文	顧客と取り決めを行い注文内容を確定すること。または、顧客の注文を受け入れること。この場合は遵守義務がある。
得意先	注文に対する支払い義務をもつ顧客
メーカー	購入品を製造している仕入先
購入先	メーカー以外の購入品の仕入先
外注先	外注加工の委託先
仕入先	外部より物品やサービスを仕入れる先の総称
路線便	外部の路線運送業者の運行計画に基づく運送便
自社便	自社で運送経路を設定し、自社の管理責任のもと実施する運送便
指示納期	顧客よりの一方的な納入期日。納入期日を遵守する義務はないが努力義務はある。
確定納期	顧客と取り決めを行い納入期日を確定すること。または、顧客の指示納期を受け入れること。納入期日を遵守する義務がある。
回答納期	顧客よりの指示納期を受け、顧客に対して回答する受託納入期日。納入期日を遵守する義務がある。
有償支給(品)	当社では有償支給の定義はない。
無償支給(品)	加工等の後、支給元に納入または返却することを条件として無償で物品を提供すること。所有権は支給元に帰属する。
出荷品	顧客に納入するため自社の出荷ヤードより便に載せ、発車すること。該当する品物。
納入品	出荷されたもののが顧客によって受領されること。該当する品物。
受付	仕入先より納入されてきた品物を受けること。所有権は仕入先にある。
受入品	受付されたもののうち、入荷を認め所有権を自社に移した品物。
検収	受付されたものの入荷を認め所有権を自社に移す行為。

具体的行動

　社内でよく使う言葉を職場内で出し合って、その意味するところを確認し、用語集としてまとめておく。

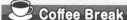**Coffee Break**

リスク管理の業務改善

●突発的な出来事への備え

　ビジネスには想定外がつきものですが、その対策に急遽会議が開かれることもよくあるのではないでしょうか。こうしたときは会議が優先されるので、それまで行っていた仕事を保留せざるを得なくなります。

　そこで、突発的な事態が起きたらすぐに会議を招集するという考え方を変えてみることも検討してみてはいかがでしょうか。

　緊急事態について状況把握するための情報収集や問題のあぶり出しを速やかに行えば、会議を開かずに済むかもしれません。「何かあれば皆で集まり討議して解決にあたる」という考え方から「まずは事態に対応し、解決できるものがあればその場で処理する」という考え方に改めてみることも従来の慣習からの改善につながります。

　こうした危機対応意識が職場内に浸透すれば、事後対策型の仕事の仕方から予防対策型へと改善が図られ、仕事の質も高まっていきます。

第4章

ミスが起きない
仕事への改善

ミスが起きがちな原因を探り、再発防止に使うための改善手法⓴

細部が気になる人は、仕事全体を見る習慣にする

●全体や目的から仕事を見ることが不得手

　細かなことが気になってしまい、とことんやってしまうような人は、全体や目的という視点で物事を考えて仕事をするのが不得手のようです。一方で、1つ1つの仕事を完璧にこなすことができ、個々の仕事でのミスは少ないようです。

　このタイプの人のミスの傾向は、細かなところばかりに目がいき知らぬ間に「目的から外れる」仕事をしてしまう、細かなところに時間を取られすぎて時間がかかり「納期間際になってバタバタしてミスをする」、1つ1つの仕事を気にしすぎて「個々のつながりや整合を崩す」などがあげられます。

　「目的から外れる」ミスに対しては、**仕事を目的で指示し、仕事に対する目標や合否判定基準を示すことで、仕事の目的を意識する**ようにしましょう。

　「納期間際になってバタバタしてミスをする」に対しては、**時間管理術を工夫して仕事の準備・ダンドリを上手に行ったり、仕事の偏りを平準化**します。

　「個々のつながりや整合を崩す」ミスに対しては、**仕事の全体の流れを客観的に見る習慣をつける**ことです。

[「細部が気になる人」のミスの傾向と対策]

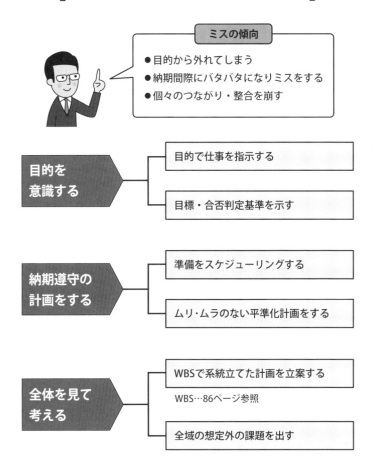

具体的行動

　仕事の全体的な流れや作業そのものの目的を考える習慣づけを意識して行うようにする。

場当たり的に仕事をする人は、業務手順で作業する

●準備不十分なまま仕事に手をつけてしまう

　場当たり的に仕事をする人は、いま、目の前にある仕事を優先度や前後の影響などを配慮せず、準備もそこそこに手を付けてしまうようです。実行力があり、まずは行動することで物事を切り開いていくような人です。

　このタイプの人のミスの傾向は、後先を考えずに仕事に着手して「優先度の高い仕事を後回し」にする、準備もそこそこに着手して「準備不足でミスをする」、思いつくままに仕事をするために「仕事にムラがあり不安定になってミスをする」などがあげられます。

　「優先度の高い仕事を後回し」のミスに対しては、**仕事を重要度と緊急度から優先順位を明確にして、業務計画を見える化する**ことがポイントです。

　「準備不足でミスをする」に対しては、**仕事のダンドリを職場内で相互にチェックしたり、準備事項を計画**しておきます。

　「仕事にムラがあり不安定になってミスをする」に対しては、**業務手順を作成して自己流を改め、手順に即した作業に留意する**ことです。

[「場当たり的に仕事をする人」のミスの傾向と対策]

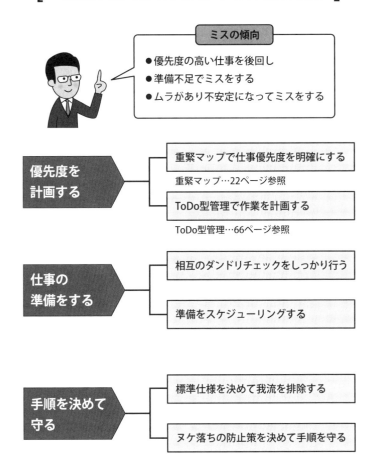

ミスの傾向

- 優先度の高い仕事を後回し
- 準備不足でミスをする
- ムラがあり不安定になってミスをする

優先度を計画する

- 重緊マップで仕事優先度を明確にする

  重緊マップ…22ページ参照

- ToDo型管理で作業を計画する

  ToDo型管理…66ページ参照

仕事の準備をする

- 相互のダンドリチェックをしっかり行う

- 準備をスケジューリングする

手順を決めて守る

- 標準仕様を決めて我流を排除する

- ヌケ落ちの防止策を決めて手順を守る

具体的行動

　仕事のダンドリを重要度と緊急度から優先順位を決め、業務計画をつくり、それに即して作業するようにする。

言われたことしかしない人は、
自分の責任を知る

●管理責任を意識することが大事になる

　言われたことしかしない人は、指示されたとおり行うだけで、仕事の結果や影響に対して自分が管理責任を負うという意識が希薄なようです。その反面、言われたことは言われたとおりきっちり行うという点ではきまじめな人でもあります。

　このタイプのミスの傾向は、「管理責任が希薄で自らミスを防止しない」、言われたことをやることが目的なので、本来の仕事の目的を達成することへの意識がないため「目的から外れる」仕事をしてしまう、仕事の結果や影響を考えていないため「問題を想定できずミスを引き起こす」などがあげられます。

　「管理責任が希薄で自らミスを防止しない」に対しては、**仕事に対する姿勢を緊張感をもって取り組むように改め、自らミスを解決しようとする意識をつくる**ことが大切です。

　「目的から外れる」ミスに対しては、**仕事を目的で指示し、仕事に対する目標や合否判定基準を示すことで、仕事の目的を意識する**ようにしましょう。

　「問題を想定できずミスを引き起こす」に対しては、**起こしがちなミスを見える化し、その発生要因を分析する**ことです。

［ 「言われたことしかしない人」のミスの傾向と対策 ］

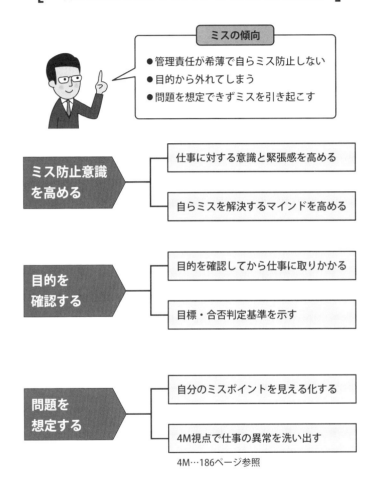

ミスの傾向

- 管理責任が希薄で自らミス防止しない
- 目的から外れてしまう
- 問題を想定できずミスを引き起こす

ミス防止意識を高める
- 仕事に対する意識と緊張感を高める
- 自らミスを解決するマインドを高める

目的を確認する
- 目的を確認してから仕事に取りかかる
- 目標・合否判定基準を示す

問題を想定する
- 自分のミスポイントを見える化する
- 4M視点で仕事の異常を洗い出す

4M…186ページ参照

具体的行動

　自らの管理責任意識を保つために、仕事の目的をよく理解し、起こしがちなミスに対してはその発生原因に基づいて対策する。

認識が他の人とずれる人は、協働を心がける

●**カギは自己流の仕事スタイルからの脱却**

　他の人と仕事に対する認識がずれる人は、仕事に対する価値観や物事の定義が他の人とは違うものを持っているようです。その違いから話が噛み合わないのかもしれません。独創的な人に多く、他の人が思いつかない画期的なアイデアを出す力に特性があります。

　このタイプの人のミスの傾向は、他の人と価値観や定義が違うため「指示が伝わらず間違う」、他の人とは違う常識があり「思い込みで仕事をして間違う」、物事を重視する視点の違いから「報連相がずれてミスを起こす」などがあげられます。

　「指示が伝わらず間違う」に対しては、**業務内容を職場内で共有し、担当者間のコミュニケーションを良くして意思伝達精度を高めましょう。**

　「思い込みで仕事をして間違う」に対しては、**メンバーと協業して作業を進めるようにし、自分ひとりがすべてを自己流で進めることがないように職場内協力の体制をつくる**ことです。

　「報連相がずれてミスを起こす」に対しては、**職場内に報告・連絡・相談がうまく行われる仕組みづくり**を考えましょう。

[　「認識が他の人とズレる人」のミスの傾向と対策　]

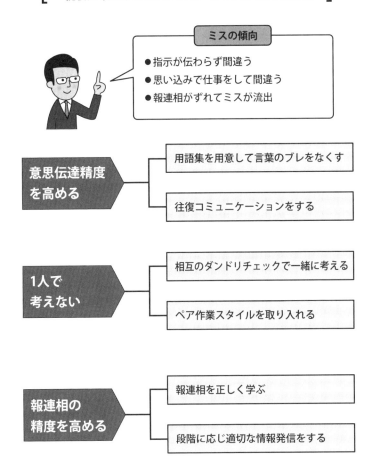

ミスの傾向
- 指示が伝わらず間違う
- 思い込みで仕事をして間違う
- 報連相がずれてミスが流出

意思伝達精度
を高める
- 用語集を用意して言葉のブレをなくす
- 往復コミュニケーションをする

1人で
考えない
- 相互のダンドリチェックで一緒に考える
- ペア作業スタイルを取り入れる

報連相の
精度を高める
- 報連相を正しく学ぶ
- 段階に応じ適切な情報発信をする

具体的行動

　自己流で仕事をするとミスが起こりがちであることを認識したうえで、職場内を協業しやすい環境にしていく。

何でも抱え込んでしまう人は、相談を心がける

●他者に相談しないのでミスが起きがちになる

　何でも抱え込んでしまう人は、仕事も気持ちもすべて自分ひとりで抱え込んでしまい、人に相談せずに自分のやり方にこだわって無理でもやり切ろうと孤軍奮闘します。よく言えば、責任感が強いということでもあります。

　このタイプの人のミスの傾向は、気持ちを誰にも話せず「気持ちが沈み込んでミスをする」、仕事を抱え込みすぎて「多すぎる仕事で混乱してミスをする」、1人で何かしようとして「報告が遅れてミスが拡大する」などがあります。

　「気持ちが沈み込んでミスをする」に対しては、**嫌な仕事は午前中に片付けるなど毎日リセットしやすくすることでモチベーションを高め**たり、**メンバーがどのような状態の気分にあるかを見える化して共有**できると気遣いができるようになります。

　「多すぎる仕事で混乱してミスをする」に対しては、**重要度と緊急度から優先すべきことを決めて、仕事を整理する**ことです。

　「報告が遅れてミスが拡大する」に対しては、**毎日のミーティングでメンバー同士の進捗管理を行い、自然に報連相が行える場**づくりが大事です。

［ 「何でも抱え込んでしまう人」のミスの傾向と対策 ］

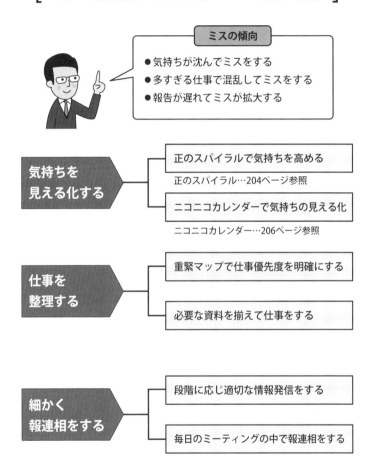

ミスの傾向

- ●気持ちが沈んでミスをする
- ●多すぎる仕事で混乱してミスをする
- ●報告が遅れてミスが拡大する

気持ちを見える化する

- 正のスパイラルで気持ちを高める

  正のスパイラル…204ページ参照

- ニコニコカレンダーで気持ちの見える化

  ニコニコカレンダー…206ページ参照

仕事を整理する

- 重緊マップで仕事優先度を明確にする

- 必要な資料を揃えて仕事をする

細かく報連相をする

- 段階に応じ適切な情報発信をする

- 毎日のミーティングの中で報連相をする

具体的行動

　すべてを1人でこなそうとする意識を改めるために、仕事の整理をしたうえで、職場内での協力体制を検討する。

仕事が中途半端な人は、計画力を強くする

●仕事を完了させる責任意識が重要

　仕事がいつも中途半端な人は、仕事に対する気持ちにムラがあり、完了させることより、新しい仕事に喜びを感じているようです。そのため、常にいろいろなことに好奇心や探究心があることはいいのですが、飽きっぽさがあだとなります。

　このタイプの人のミスの傾向は、新しいものごとを優先させて「仕事を完了しないまま終了させる」、仕事に対する気持ちのムラから「仕事にムラがありヌケがある」、移り気なところから「能力や経験にムラがありミスしやすい」などがあります。

　「仕事を完了しないまま終了させる」に対しては、**仕事の目標や合否判定を示し、プロセスの中身も確認する習慣づけを行い、完了責任の意識をもつ**ようにします。

　「仕事にムラがありヌケがある」に対しては、**仕事を体系的に計画するようにし、そのプロセスをそのつど確認しながら作業**していく仕事スタイルに改めます。

　「能力や経験にムラがありミスしやすい」に対しては、**自分の知識やスキルの過不足を振り返り、一定水準以上に能力向上を図る意識づけ**が解決のポイントになります。

［　「仕事が中途半端な人」のミスの傾向と対策　］

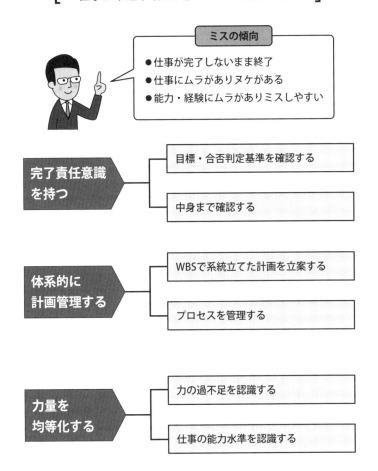

ミスの傾向

- ●仕事が完了しないまま終了
- ●仕事にムラがありヌケがある
- ●能力・経験にムラがありミスしやすい

完了責任意識を持つ
- 目標・合否判定基準を確認する
- 中身まで確認する

体系的に計画管理する
- WBSで系統立てた計画を立案する
- プロセスを管理する

力量を均等化する
- 力の過不足を認識する
- 仕事の能力水準を認識する

具体的行動

　仕事を完了させることへのこだわりを身につけるために体系的に計画を立て、計画的に業務にあたる仕事スタイルを確立する。

ミスを忘れがちな人は、
ミスの見える化をする

●ミスの原因が見えることで対策がわかる

　ミスをしてもすぐ忘れてしまう人は、いま、目の前にあること
を直感的に処理してしまい、自分のやったことや良かったこと、
悪かったことなどを気に留めないようです。過ぎたことをくよく
よと気にすることのない性格です。

　このタイプの人のミスの傾向は、反省の意識が人よりも弱いた
め「同じミスを繰り返す」、目の前の情報だけで直感的に仕事を
するので「必要な情報をすぐに取り出せずに間違う」、前回のこ
とをしっかりと記憶していないので「仕事の良否判定が毎回異な
りばらつく」などがあります。

　「同じミスを繰り返す」に対しては、**自分のおかしがちなミス
ポイントの見える化や、職場内でよくあるミスの見える化**などが
有効でしょう。

　「必要な情報をすぐに取り出せずに間違う」に対しては、**整理
整頓の基準をつくり、探す時間のムダを省く仕事スタイル**に改め
るようにします。

　「仕事の良否判定が毎回異なりばらつく」に対しては、**職場内
で良否判定基準をつくり、運用する**ことです。

［　「ミスを忘れがちな人」のミスの傾向と対策　］

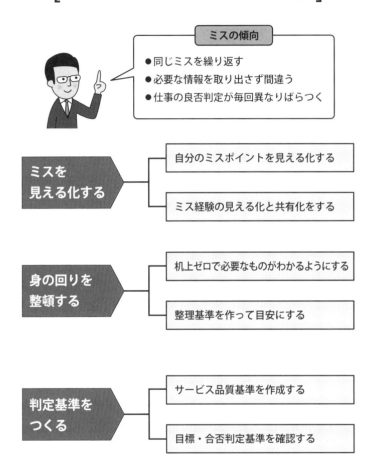

ミスの傾向

- ●同じミスを繰り返す
- ●必要な情報を取り出さず間違う
- ●仕事の良否判定が毎回異なりばらつく

ミスを見える化する
- 自分のミスポイントを見える化する
- ミス経験の見える化と共有化をする

身の回りを整頓する
- 机上ゼロで必要なものがわかるようにする
- 整理基準を作って目安にする

判定基準をつくる
- サービス品質基準を作成する
- 目標・合否判定基準を確認する

具体的行動

　職場内でよく起こるミスとその原因を共有できるように見える化する仕組みをつくる。

173

ミスを共有することで、
繰り返しミスが減る

●ハインリッヒの法則に学ぶ

人は誰でもミスをするものですが、仕事上のミスは極力なくしたいものです。労働災害の予防に際してよく引き合いに出される戒めに「ハインリッヒの法則」があります。これは**1件の重大事故の背後には29件の軽微な事故があり、さらにその背後に300件のヒヤリハット**（ヒヤリとしたりハッとしたりする危険のタネ）があるという経験則です。この法則に従えば、1日30件のヒヤリハット的なミスを10日間繰り返すと1件の重大問題を引き起こすことになります。

このヒヤリハット的なミスの問題は、完全なミスということではないのでその場でやり過ごしがちになることです。そのまま放置しておけば、いずれ重大なミスに発展しかねないので、**ヒヤリハットは起きたことを記録に残しておく**ことが必要です。

そのために習慣化しておきたいのが、「**ヒヤリハット記録シート**」の活用です。このシートを机の上に用意しておき、ヒヤリハットも含めてミスがあったらその場でメモするようにします。

これを職場内で共有し、同じようなミスがあるようなら、それは繰り返しミスなので、改善策をチームで案出します。

[ヒヤリハット記録シート]

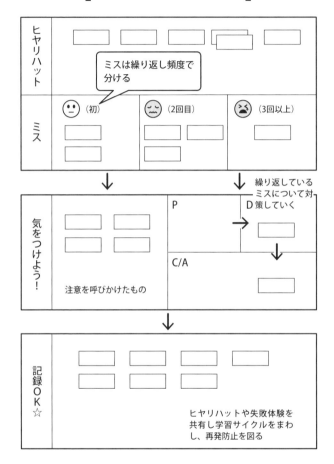

具体的行動

　ヒヤリハットも含めてミスが起きたらすぐに記録できるようにしておき、同じようなミスがあれば原因を調べて対策を練る。

サポート役の支援で、気づきが得られる

●カウンセリングマインドチェックリストを活用する

　ミスをした嫌な思い出は早く忘れたいものです。些細なミスであれば、気にも留めずにすぐ忘れてしまいます。しかし、忘れたミスは繰り返し、生産性の低下を招きます。改善が必要です。

　また、ミスは人に指摘されて対策を講じても再び同じミスをおかすことがあります。そこで、自らミスを再発しないためのマインドを高めることが重要です。

　そのマインドを高めるには、ミスの解決プロセスに応じたカウンセリングマインドのサポートが有効です。これは右ページのようなチェックリストを使って行います。自分のミスは人に相談しにくいものなので、サポート役の人は信頼関係を築いて相談しやすさに配慮します。具体的には次のとおりです。

　「**ミスの認知**」では、受容と共感を通じて、相手のミスを認め、受け入れる姿勢で話します。「**原因の究明**」と「**解決策の選択**」では、自己一致の姿勢で気づいていないことに気づかせたり、矛盾を認識させて現実的な解決策の受け入れをフォローします。「**決断・行動**」では、受容と共感を通じて、相手の決めたことを認める姿勢を示します。

[　カウンセリングマインドチェックテスト　]

部下/同僚の ミス解決 プロセス	カウンセリン グマインドの プロセス	No.	項目	チェック欄
相談の 決意	関心・ 信頼づくり	1	日頃から、部下/同僚1人ひとりに関心を持つようにしている。	
		2	日頃から、部下/同僚が相談しやすい環境・状況・雰囲気をつくっている。	
ミスの認知	受容・共感	3	自分の価値観にとらわれず、部下/同僚の話を最後まで聴いている。	
		4	うなずきや相槌を行うことで、部下/同僚が話を続けやすくしている。	
		5	部下/同僚の感情や価値観をありのまま理解しようとしている。	
ミスの本質・ 原因の究明	自己一致	6	部下/同僚の発言の大切なポイントを繰り返したり、部下/同僚が言葉にできていない気持ちを適切な言葉で明確に表現したりしている。	
		7	質問や事実の指摘、論理的に話をすることで、曖昧なところを明確にしたり、部下/同僚が自分の感情を整理したり、気づきを得たりする手助けをしている。	
解決手段の 模索・選択	自己一致	8	質問や事実の指摘、論理的な話、客観的な見方、率直な感想、体験談など、部下/同僚に合わせた方法で、解決手段の案出しや絞り込みの手助けをしている。	
		9	部下/同僚が自分自身で、納得して、解決手段を選択できるように手助けをしている。	
決断・行動	受容・共感	10	部下/同僚が実際に行動できるように、行動計画や実行、自己評価への支援を行っている。	

具体的行動

　カウンセリングマインドチェックリストを使い、サポート役の支援を受けながら、ミス再発防止のマインドをつくる。

実際にやってみることで、改善レベルが上がる

●改善してつかんだ知恵を次にいかす

　ミスの原因の多くは、推定されたことです。その推定原因に基づいて考えられた改善策が本当に効果的かどうかは、やってみないとわかりません。改善の有効性評価は、実際にやってみて評価しましょう。

　やってみれば、何が良くて何が足りないのか、何が阻害し、何が効果があるのかがすぐわかります。また、何が失敗原因なのかもわかりますから、どうすれば成功するのかもやってみた事実から検討すればわかります。やってみてつかんだ知恵は次の実行へと反映させて、改善のPDCAサイクルを回しながら、ミス防止改善策をより実効性の高いものにしていきます。

　ミス防止改善策は、特別な活動で行う改善とは限りません。日々の仕事の中で見つかったヒヤリハット（事故には至らないもののヒヤリとしたり、ハッとしたような危険）や小さなミスに対してもそのまま見過ごすのではなく、そのつど改善していくことも重要です。そうしてつかんだミス防止策の知恵は、次の実行時に反映できるようにして、仕事のミス防止レベルを向上させていきます。

[　まずはやってみることが大事！　]

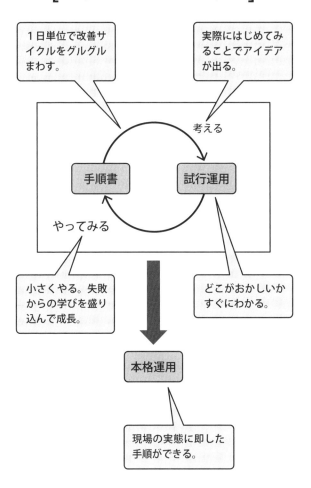

1日単位で改善サイクルをグルグルまわす。

実際にはじめてみることでアイデアが出る。

考える

手順書

試行運用

やってみる

小さくやる。失敗からの学びを盛り込んで成長。

どこがおかしいかすぐにわかる。

本格運用

現場の実態に即した手順ができる。

具体的行動

　仕事のミスは小さなものやヒヤリハットも見逃さずに改善し、その経験知を次に活かしてレベルアップをはかる。

当事者意識による点検で、ミス防止力が上がる

●多重チェックの落とし穴

　ミス防止のためによく行われているのが、ダブルチェックやトリプルチェックなどの多重チェックです。ミスの検出に有効な方法ですが、運用の仕方によってはあまり意味をなさないこともあります。とくに定例化している作業や繁忙期に起こりやすいのが、最初に確認する人が次の人がきちんとみてくれるだろうと思い、次の人も初めに見た人がきちんと見ているはずだとして、双方で人任せにするケースです。

●やり方次第で精度が高まる

　多重チェックを行う場合、チェック内容を改善すれば、何重にもチェックせずともミス防止は実現できます。トリプルチェックをダブルチェックに変更してもやり方次第で十分機能します。1人めの人の確認項目、2人めの人の確認項目をそれぞれ明確にして、同じ視点での確認にならないようにチェックシートを使えば、各人が責任感を持って点検するようになります。

　次の人は逆方向から点検するなど「クロスチェック」を行えば、より精度が上がります。

[多重チェックの見直し]

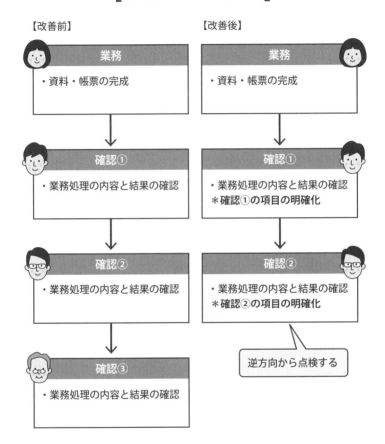

【改善前】

業務
・資料・帳票の完成

↓

確認①
・業務処理の内容と結果の確認

↓

確認②
・業務処理の内容と結果の確認

↓

確認③
・業務処理の内容と結果の確認

【改善後】

業務
・資料・帳票の完成

↓

確認①
・業務処理の内容と結果の確認 ＊確認①の項目の明確化

↓

確認②
・業務処理の内容と結果の確認 ＊確認②の項目の明確化

逆方向から点検する

具体的行動

多重チェックでこれまで問題がなかったかを点検し、問題があれば運用方法を検証し、改善する。

ペイオフマトリクスで、協調的なミス防止ができる

●ペイオフマトリクスを使う

　職場には、ミスに対して個人の能力や特性の問題と思ってしまう人、他人のミスに巻き込まれたくないと思う人、ミスが少ないことで人よりも仕事ができると自負している人など、さまざまな考えの人がいます。考え方が違うなかでミス防止に取り組むと、ミス防止改善に対する考え方の対立（コンフリクト）が発生して、職場としてミス防止に向けた取り組みができなくなってしまいます。コンフリクトには「妥協的」「競争的」「回避的」「受容的」「協調的」の5つのモードがあると言われています。

　このうち、**職場のミス防止には「協調的モード」に向かわせる**ことですが、それにはメンバー個々の考え方で対立するのではなく、客観的に効果性と実現性で評価し合うことです。そのために有効なツールが効果と実現の二軸から効率的なアイデアを評価する「**ペイオフマトリクス**」です。具体的には、カード型のふせんに改善案を書き出し、横軸に効果、縦軸に実現を取った4象限のシートを図のようにA～Hに区割りし、そこに改善カードを貼ってメンバーとやるべきことを合意していきます。Aから順に優先度が高くなります。

[コンフリクトの5つのモード]

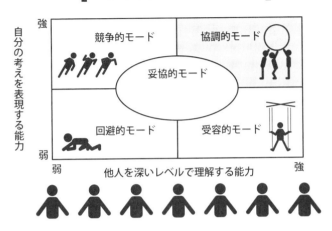

[ペイオフマトリクス]

選考基準：その改善を実施したときの効果の大きさと改善の実現の難易度

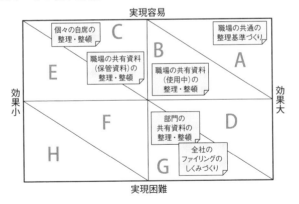

具体的行動

　協調的にミス防止策をメンバーとともに検討するために、「ペイオフマトリクス」を使ってみる。

ロジックツリーで、ミス発生の真因がわかる

●ミス発生の原因をどんどん掘り下げていく

　ミスが発生してしまったら再発防止をしなければなりませんが、ミスの原因がわからずに対症療法的に対応してミスを繰り返すという話はよく聞きます。たとえば、請求金額が間違っていたと顧客から指摘されたとします。請求書の作成履歴が残っていないため原因がわかりません。とりあえず、請求金額の確認をダブルチェックするようにしましたが、翌月も請求金額違いのミスが発生しました。徹底的に原因を調査したところ、元の請求データ入力のミスでしたので、入力後のダブルチェックでは何の意味もありませんでした。このような作業後に判明するミスはきちんと履歴を取っていないかぎり防ぐことはできません。

　そこで、こうしたミスの未然防止には「**ロジックツリー**」を使います。このツールは**問題解決を論理的に進める**もので、**問題をどんどん掘り下げて真の原因を究明する**のに有効です。具体的には、問題を構成要素にどんどん掘り下げていき、掘り下げきれなくなったところで「影響度」「発生率」「損失」などの視点で原因の重要性を評価していきます。そして**重要度の高い原因から改善に着手する**ようにします。

[　ロジックツリー　]

ロジックツリーでミスの原因を掘り下げて根治改善する

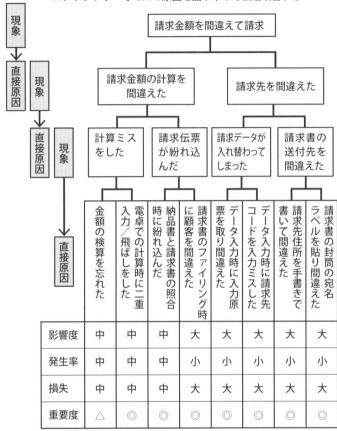

	金額の検算を忘れた	電卓での計算時に二重入力／飛ばしをした	納品書と請求書の照合時に紛れ込んだ	請求書のファイリング時に顧客を間違えた	データ入力時に入力原票を取り間違えた	データ入力時に請求先コードを入力ミスした	請求先住所を手書きで書いて間違えた	請求書の封筒の宛名ラベルを貼り間違えた
影響度	中	中	中	大	大	大	大	大
発生率	中	中	中	小	小	小	小	小
損失	中	中	中	大	大	大	大	大
重要度	△	◎	◎	◎	◎	◎	◎	◎

具体的行動

　職場のミスはなぜ起こるかを論理的に究明するために、起こりがちなミスをロジックツリーでその原因を解明してみる。

4Mのチェックで、ミス防止対策ができる

●人・設備・方法・モノ（情報）の4視点から異常を探る

ミスが発生する原因の1つが4Mの異常です。4Mとは、そもそも生産現場における仕事の基本要素と言われる「人（Man）」「設備（Machine）」「方法（Method）」「モノ・情報（Material）」のことです。この4つのいずれかが異常状態になるとミスの発生確率が高まるとされています。

たとえば、いつも担当しているベテラン社員が休みを取ることになり代わりに新人がその作業を担当した場合は平常時よりもパフォーマンスが落ちる状態、つまり異常状態となります。こうしたときにミスが起こりやすいので、事前に対策を立てなければなりません。

こうしたときは「**異常識別着眼リスト**」を使い、4Mの観点から異常を洗い出します。このツールでは、4Mについてそれぞれ3つの視点から異常を検討します。

- **人：能力、考え方、行動特性**
- **設備：仕様、性能、劣化**
- **方法：ダンドリ方法、作業方法、判定基準**
- **モノ・情報：性能・特性、傾向、バラツキ**

[　4Mと異常識別着眼点リスト　]

対象業務		担当の作業配置計画	
4M	分類	異常の基点	異常による影響
人	能力	配置計画作成の経験が不足している。	配置計画の考慮不足から、過負荷や余剰のある計画を作成する。
	考え方	計画ありきの考え方が強い。	計画を強制して、実行上の環境や問題を無視し、トラブルが多発。
	行動特性	月に1回まとめて処理をする。	月1回の処理のため、処理方法を忘れて間違える。
施設・設備システム	仕様	作業配置計画をエクセルに毎回、入力して使っている。	毎回、入力するため入力ミスが起きやすい。
	性能	配置シミュレーションができない。	ケース毎の問題を予測できない。
	劣化	配置計画の能力基準をメンテナンスしないため実態とずれてくる。	基準と実際の能力が乖離し、要件と能力のミスマッチが発生。
方法・手順	ダンドリ方法	有給取得計画を事前に収集できていない。	配置計画で考慮しきれていない有給取得によって、要員不足が発生。
	作業方法	日毎の工数合計を電卓で計算して、入力している。	計算ミス、入力ミスが発生。
	判定基準	工数の合計時間だけで計画の適切性を判定している。	個人の能力差から、能力の過不足が発生。
原材料製品・情報	性能・特性	能力判定情報が主観で判定されているため、判定者によって違いがある。	同じ能力判定であるにも関わらず、能力の過不足、適合・不適合が発生。
	傾向	作業スピードに偏った能力判定情報。	品質や安全面の能力判定が不十分となり、品質・安全のトラブルが発生。
	バラツキ	能力判定の元情報である作業実績データがばらついている。	平均値から能力を算出するため、低い方に能力が振れたとき能力不足となる。

具体的行動

4Mの視点から異常状態を洗い出し、「異常識別着眼点リスト」を作成し、職場のミス防止に活用する。

187

異常処置マニュアルで、
職場の危機管理ができる

●**以上発生時の対応手順と主な処置方法を明確にする**

　異常が発生したときは、緊急に対処しなければならないことが
たくさんあります。作業を停止させて、責任者や関係者への連
絡、異常そのものへの処置、異常による影響評価と処置、原因調
査と再発防止など、やるべきことが多岐にわたります。このよう
な状況では混乱しやすく、やるべきことが抜け落ちたりタイミン
グを逸したりして、問題をさらに拡大させてしまう場合がありま
す。そこで異常時に備えて、「**異常処置マニュアル**」を準備して
おきましょう。

　「異常処置マニュアル」では、**対策とする業務において異常発
生時の対応手順と主な処置方法を明確**にします。異常発生時対応
手順は、特定の異常を前提とせず、何か異常が発生したときに共
通して実施しなければならない、異常による影響の拡大防止、二
次異常の発生防止、再発防止などを記載します。主な異常処置方
法は、あらかじめ想定された異常からの復旧のための手順を記載
します。異常の想定は、前項で紹介した「異常識別着眼点リス
ト」を使って客観的に洗い出します。そして異常発生時の連絡先
を明確にしておきます。

[異常処置マニュアル]

異常発生時の対応方法を明確にしてミスを減らす

異常処置マニュアル				止める・呼ぶ・待つ		

対象業務	X25複合印刷機による印刷	部長 (印)	課長 (印)	係長 (印)	担当 田中	作成・改訂日 202X.4.15
						文書No. ISO1-X25a

異常発生時対応手順

No.	手順	対応者	対応内容	記録
1	異常の発見・認知	発見者	異常処置の開始	
2	機器及び作業の停止	発見者	作業と機器を直ちに停止させて、異常状態を保持	
3	周囲への報知と表示	発見者	周囲にいる機器利用者へ異常の報知・表示と協力要請	
4	責任者への連絡	発見者	その場を離れず管理責任者へ連絡し、待つ	
5	異常の確認と影響調査	管理者	異常発生時の5W1Hの確認と影響比、大きさ調査	記録
6	異常の原因調査	管理者	異常発生の原因を4M視点で調査	記録
7	異常処置	管理者	原因を踏まえて異常の復旧処置と周知	記録
8	異常の再発防止	管理者	原因を踏まえて異常の再発防止と効果確認	記録

主な異常処置方法

No.	異常状況	処置方法	注意点
1	ドラムへの紙巻き込み（エラーコード：ER2501） ＊紙づまりエラー停止となって、紙送り機構部分に、紙が見当たらない場合は、ドラムへの紙巻き込みの可能性大	①ドラムカバーを外す ②ペーパーガイドを下げて紙の確認 ③ドラムユニットを取り出す ④巻き付いている紙を取り除く ⑤ドラムを不織布で拭く ⑥ドラムユニットを戻す ⑦ガイド、カバーを戻す ⑧試し印刷をして巻き込み確認	②ペーパーガイドに紙が残っているとドラム取り出し時に破損するので、必ず確認する。 ③ドラムを不織布で拭かないと紙片が残り、ドラムに傷つきドラム交換となる
2	印刷位置ズレ（エラーコード：表示なし） ＊印刷位置ズレが一定せず、ズレ方やズレ量がばらつく場合は、給紙トレーの紙サイズガイドが大きく設定されている可能性大。ガイドを正しく設定してズレを確認する。	①給紙トレーを取り出す ②給紙取り込みローラーのがたつき確認(a) ③がたつきがあればメーカー連絡 ④がたつきがなければ定着送りローラーを外す ⑤定着送りローラーを不織布で丁寧に拭く ⑥定着送りローラーを戻す ⑦試し印刷してズレの有無確認 ⑧ズレがある場合はメーカー連絡	⑤定着送りローラーの汚れがひどい時は、中性洗剤を薄めたお湯で拭く

異常連絡先	総務部管理課　印刷機器管理責任者　Tel 123-4567 （夜間・休日）守衛詰所　Tel 999-9999		改訂履歴	記号	年月日	記事	担当
				―	201X.6.3	新設	岡山
関連手順書帳票	X25操作手順書 X25修理作業手順書			a	202X.4.15	処置方法追加	田中

異常発生時の水先案内

具体的行動

「異常識別着眼点リスト」を使って異常を洗い出し、「異常処置マニュアル」で異常発生時の対応手順と主な処置方法を明確にする。

操作方法の変更で、うっかりミスが減る

●マウスからキーボードに変えてできること

パソコン操作の些細なミスから大切なデータの消去など大きな被害を被ることがあります。**操作方法を変えて、操作ミスによる被害を最小にしましょう。**

パソコンのファイルやデータを扱うときは、バックアップを取ってから扱うことは基本中の基本です。たとえば、ヒナ形に使うファイルを編集して文書作成や表計算などをするとき、そのファイルを開いてそのまま使用して保存してしまうと元のデータを消してしまうことになります。うっかりミスとして多いケースですが、ヒナ形を開いたらすぐにコピーして使うなどのルール化でこうしたちょっとしたミスは防げます。これに加え、データのバックアップをする習慣も大事です。

パソコン操作にはマウスを伴うことが多いですが、マウスはドラッグ＆ドロップを繰り返すうちにデータの貼り付けミスが起きたりもします。そうしたミスを回避するにはキーボード操作による確実な処理です。**ショートカットキーなどを使えば、マウスよりも早く確実な操作**ができるようになります。

［　バックアップを取って被害を最小にする　］

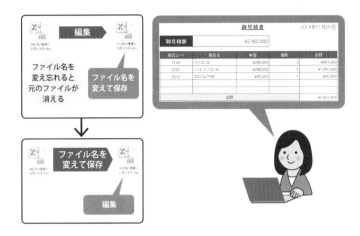

［　キー操作でマウス操作のミスをなくす　］

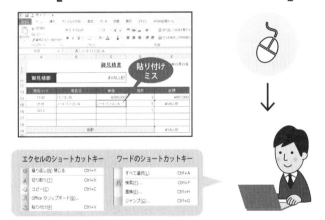

具体的行動

　ワードやエクセルのショートカットキーを使えるようにし、データ処理の正確性と効率性を追求する。

フィルター設定で、
メールの見落としがなくなる

●自動振り分け機能を使って効率化する

　毎日送られてくる数十件もの受信メールを今すぐ対応が必要なもの、後でよいもの、何もアクションの必要のないものなどに振り分けることを手作業で行っていたら時間が取られます。数多いメールをじっくり内容まで読み込んで振り分けるには時間を要するため、さっと件名を見て振り分けたままにすると、重要なメールや緊急のメールを忘れてしまうミスが起こりかねません。

　メールソフトには、件名や送信元などの情報に基づいて、メールを自動振り分けしてくれるフィルター機能があります。この機能を使って。メールの自動振り分けをして重要メールや緊急メールの見落とし防止に取り組みましょう。

　フィルターは特定のキーワードを設定し、それに基づいて指定のフォルダーに振り分けます。受信メールの過半数は、自分の送ったメールに対する返信です。そして返信する人の多くは件名がそのままです。ですから、自分が送信するときに件名欄にフィルターで設定しているキーワードを入れておけば、受信メールの過半数をフィルターで自動振り分けできるようになります。【　】などでワードを囲っておけば、一見して何のメールかわかります。

[　自動振り分け機能で見落とし防止　]

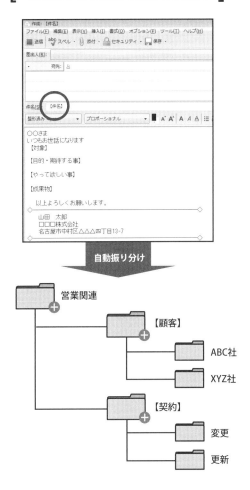

具体的行動

メールソフトの自動振り分け機能を確認し、キーワードによる自動振り分けを行ってみる。

変更箇所の見える化で、エクセルの確認ミスが減る

●変更の誤反映や見落としのミスを防ぐ方法

パソコンの入力作業では変更箇所やその頻度が増えてくると何をどう作業したかを忘れてしまい、変更の誤反映や見落としを招きます。また、チームで仕事をしているときは、複数の人が同じ資料を変更することもあり、他の人がどこを変更したかがわからず、同様に変更の誤反映や見落としが生じます。それを防ぐには、**変更箇所やその内容の見える化**です。

「変更箇所の見える化」は、変更箇所とその内容を記録しておき、必要に応じて表示できるようにする方法です。エクセルの変更履歴の表示メニューから変更箇所の画面表示の設定、または変更箇所履歴一覧作成設定によって変更箇所と内容を表示させます。どこを誰がいつ、何から何へ変更したのかがわかりますから、間違った変更を反映した箇所や変更の見落としなどが一見してわかります。

「変更箇所への確認と反映」は、変更した箇所とその内容を1つ1つ確認して、反映させるかどうかを判断してファイルを保存する方法です。エクセルの変更履歴の確認メニューから確認と判断ができます。

［　修正や確認の見落としミスの防止　］

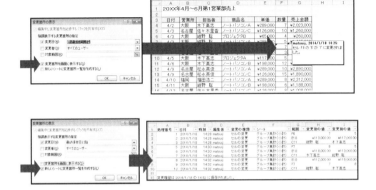

［　保存するミスの防止　］

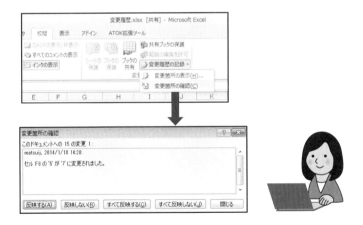

具体的行動

　エクセルにおける修正や追加などの変更時にミスを起こさないために変更箇所がわかる機能を活用する。

195

エクセルの機能を使えば、入力ミスが防止できる

●「入力時メッセージ」と「リスト選択入力」

エクセルなどの表計算ソフトへのデータ入力作業には、入力ミスがつきものです。入力データの数が少なければ、一度入力したものを原本と整合させることで対応したりしますが、数が多ければそうもいきません。そこで、入力時に入力者へ直接働きかける仕組みを組み込んでおくことで、入力ミスを防止します。

「入力時メッセージ」は、これから入力するという箇所の横に正しい入力をガイドするメッセージを表示する機能です。エクセルのデータ入力規則のメニューから設定できます。メッセージには正しい入力の値の範囲や属性などを簡潔に表示します。正しく入力できない場合の対処方法や連絡先も表示しておきます。

「リスト選択入力」は、入力する箇所をクリックするとリストが表示され、そのリストから選択して入力する方法です。あらかじめ選択リストを用意しておき、データ入力規則のメニューから選択リストを設定できます。入力する文字やデータの内容は同じでも半角全角や大文字小文字、英数字と文字などの種類による違いによって、データが読み取れないなどのトラブルが心配される項目の入力に有効です。

[入力時メッセージの例]

入力時メッセージで正しい作業をガイドする

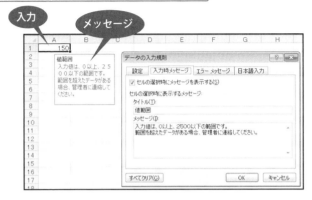

[リスト選択入力の例]

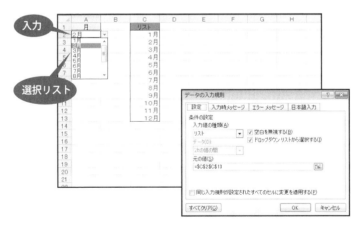

具体的行動

　データ入力では表計算ソフトの機能に正確で効率的に入力できる機能があるかを調べ、すぐにできるものから始めてみる。

自動チェック機能で、入力ミスが防止できる

●「入力値の範囲制限」と「重複入力チェック」

　勘違いやキータッチエラーで入力値が間違っていても、入力者本人は気づかないことが多いものです。こうした場合に備え、入力値の範囲や重複を自動チェックして、入力ミスを入力者に知らせる機能を使ってミスを防ぎましょう。

　「入力値の範囲制限」は、入力できる値の範囲を制限し、範囲を超えた入力がされるとエラーメッセージが表示されるエクセルの機能です。エクセルのデータ入力規則のメニューから設定します。数値の最大最小の範囲制限だけでなく、日付や時間の範囲制限、入力文字数の制限が行えます。たとえば、商品コード100番台の入力をする、9月分のデータを入力するというように、作業範囲を分けて制限値を変更しながら行うことで入力ミスが防げます。

　「重複入力チェック」は、同じ値のデータや文字が重複されていることをチェックして知らせる機能です。データ入力規則のメニューなどに「COUNTIF」などの重複をチェックする関数で設定します。伝票入力時に同じ伝票を入力したり、一覧入力で同じ行のデータを重ねて入力してしまうようなときに有効な機能です。

[　入力値の範囲制限の例　]

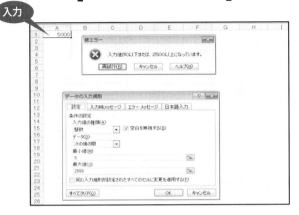

[　重複入力チェックの例　]

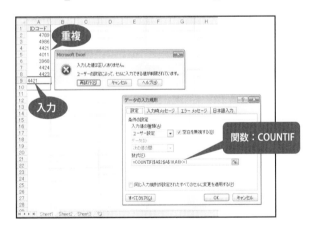

具体的行動

　データ入力作業での重複入力を避けるための表計算ソフトの機能を調べ、すぐに使えるものを試してみる。

ミスは成長の糧！

●大きな成功の原動力

　ミスは誰でもするものです。ミスをすれば落ち込むのは当然ですが、それを反省材料にして次からはもっとうまくやるという気持ちになれないことがあります。

　こうしたときは、「ミスは誰にでもある。それを糧にすることで人は成長できる」ということを何度も自分に言い聞かせて、ストレス耐性を高めるようにします。失敗の武勇伝を自ら人に語ることも自分のミスを人にはさせないことになるので、組織としての糧になります。

　ミスを学習していくことで自分がどのように変わっていったのか、そのミスを起こさないためのアイデアをどのように工夫していったのかを「ミス事例集」にしてみるのも面白いかもしれません。

　よく、「失敗は買ってでもしろ」なんて言われたりしますが、失敗やミスから学ぶことは人の成長のうえでとても大切なことです。そもそもミスを怖がっていては、何もチャレンジできません。もちろん、わざとミスすることはいけませんが、挑戦してミスしたら、それを糧に「よりよい仕事をするんだ」という気構えを持つことが大きな成功をもたらすもとになるのです。

第 5 章

やる気が起きる
気持ちへの改善

モチベーションを自己管理し、やる気を引き出すための気持ちの改善方法❿

仕事の興味・関心の分析で、前向きになれる

●やる気の改善が業務改善につながる

　仕事に対する気持ちが後ろ向きでやる気が出ない状態にあれば、「ミスのないようにしよう」という意識も下がり、緊張感のない状態で仕事をすることになります。どんなにミスを抑える施策を講じても、仕事をする本人の意識も緊張感も低い状態では何の役にも立ちません。

　みなさんは、やる気がないのは個人の姿勢の問題であって、ミス防止のための業務改善の対象として考えることではないと思いますか？　しかし、この「やる気が出ない」はミス発生に関係する要因の1つであり、他のミス防止策を骨抜きにしてしまうほど影響力が大きく、個人の問題とは簡単に片付けられません。

　ただ、**仕事に対する見方を変えるようにすると気持ちが楽になり、前向きな姿勢が引き出せる**ようになります。それに有効なのが「私のやる気のもとシート」です。このシートを使い、仕事の好きなところ、嫌いなところを書き出して、そこから自分がどのように仕事に向き合っていくべきかを考えてみます。これにより、**自分の興味や関心、仕事を通じて得たいものを明確にすることで前向きな気持ちが引き出せる**ようになります。

［　私のやる気のもとシート　］

私のやる気のもと

担当業務：
　　お客様からのお問い合わせについて
　　受付と対応を行う。

**この業務のここが好き♥／
この業務から得られること**

・丁寧な電話応対マナーが
　身につく。
・お客様に直接「ありがと
　う」と言ってもらえると
　嬉しい。
・困っている人を助けるこ
　とができる。

この業務のここがイヤ

・自分ではどうにもできな
　いことの対応はつらい。
・クレームばかり聞いてい
　ると憂鬱になる。

私の仕事の方針：
　　電話を掛けてくる人は困っている人。
　　1人でも多くの人の助けになって、
　　「ありがとう」をいっぱいもらう。
　　そのために回答の品質UPのための商
　　品知識を強化する。

「自分の仕事の方針を掲
げること」＝「自分の期
待を明らかにすること」

方針を明示する過程で、
自分を見つめ直し、自
分の興味・関心、何が
やる気を引き出すのか、
仕事を通して何を得よ
うとしているのかを考
えることが重要！

具体的行動

　「私のやる気のもとシート」を使い、仕事に対する自分の思いを探
り、自分の興味・関心や本当にやりたいことを見つめ直す。

午前を集中時間にすると、午後は余裕が持てる

●気乗りしない負のスパイラルからの脱出法

気持ちが沈んでいると注意力が散漫になり、ミスを起こしやすくなります。ミスをするとさらに気持ちが沈んで、またミスをするという負のスパイラルに入ってしまうことがあります。負のスパイラルに入ると、最悪の場合、体調不良にもなりかねません。

気持ちが沈む原因はさまざまです。仕事が原因のこともあれば、プライベートの問題もあります。その状態でモチベーションを上げるのは容易ではありませんが、負のスパイラルに入らないようにすることはできます。

それには、**ストレスや嫌な気持ちを翌日に持ち越さない**ことですが、そうしたとき使える方法が仕事に取り組むきっかけをつくる「**午前中星取り表**」です。これは**元気になる正のスパイラルに誘導するツール**です。

その誘導方法ですが、朝、元気なうちに仕事に取りかかり、事務仕事などの大半を午前中に完了させ、午後からは打ち合わせや午前中に残った仕事を余裕をもって行い、リラックスモードに戻します。このスタイルを習慣化するために、計画どおりできたら、「午前中星取り表」にシールを貼って見える化します。

[　正のスパイラルでストレスを蓄積させない　]

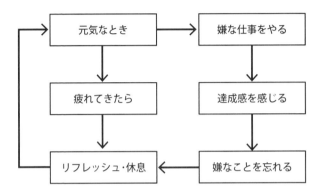

[　午前中星取り表で正のスパイラルをつくる　]

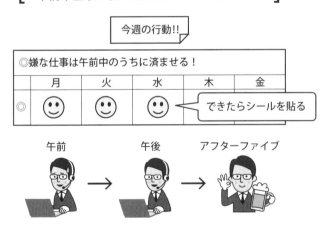

具体的行動

「午前中星取り表」を職場に掲出することで、メンバー各自が正の
スパイラルになることを自然にできるようにする。

ニコニコカレンダーで、職場の健康状態がわかる

●他者の心の状態が見えるツール

　新型コロナ後の働き方改革で今後推進されていく仕事の仕方に「ジョブ型」があります。ジョブ＝「仕事の役割と責任」を定義し、個人の成果を明確にする働き方です。

　これまでもジョブ型に近い、担当ごとに明確に仕事を割り当てる個人商店の集まりのような働き方はあります。コンサルタントをはじめとする士業に多い体制です。こうした働き方は自分のペースで仕事ができて良い反面、本人にしか仕事の内容がわからず、何か問題が発生すれば自分自身で解決しなければならないので、ひとりで悩んで孤立感に襲われたりもします。

　こうした職場では、「**ニコニコカレンダー**」を使うのがよいでしょう。ニコニコカレンダーとは、退社時にその日の気持ちを表現したシールを貼って、メンバーがどのような状態にあるかを見える化するツールです。やる気良好中＝ニコニコ顔、普通＝普通顔、やる気低下中＝泣き顔のシールをメンバーの名前が入ったカレンダーに貼り付けて職場内で共有します。

　泣き顔シールの人がいればまずは一声かけて、困っているときに頼れる雰囲気をつくります。

[ニコニコカレンダー]

…良い状態　…普通の状態　…憂鬱な状態

	10/1	10/2	10/3	10/4	10/5	10/6	10/7	10/8	10/9	10/10
佐々木	😄	😐	😐	☹	😐			😄	😄	😐
杉山	😐	😐	☹	😐	😐			😄	😄	😄
今村	😄	😐	😄	😐	😐			😐	😄	😐
土川	😐	☹	☹	😐	😐			😄	😄	😄
都築	😄	😐	😐	😐	☹			😄	😄	😐

> 「ニコニコカレンダー」は壁に貼っておき、マークは帰り際に自分で貼る。自分の1日を振り返って、気持ちを切り替え、明日はどうしようかと考えることが大切！
> 翌日の朝会などで職場のみんなで見て声掛けを行うのもよい（ただし、程度の問題などもあるのでそのあたりは注意が必要）。
> 1日分のみでなく、毎日の推移を見ていくことがポイント！

具体的行動

　職場内に「ニコニコカレンダー」を掲出し、メンバー同士の心身の健康状態を共有し、場合によっては声がけを行う。

コミットメントシートで、改善活動が活発になる

●人に見られているとやる気が湧く

改善活動は他の人から見られていたり、上司が見てくれていることがわかると活動が後押しされます。また、活動を推進するためには、経営者や管理者の改善活動への関与を高める必要があります。

それに有効なツールが「**コミットメントシート**」です。これは、日付欄、改善職場へのコメント欄、コメント者署名欄、コメントへのフォロー欄、フォロー者署名欄からなります。職場巡回時や他の業務で職場を訪問したときに、訪問者が改善に対する感想・意見・励ましなどをコメント欄に記入し、それを受けて職場が必要な行動を取り、その内容をフォロー欄に記入します。

「コミットメントシート」は職場に掲示しておきます。訪問者はコメントを自由に記入でき、職場のメンバーも内容をタイムリーに共有することができます。また、1人分ずつ短冊状にすれば、訪問者に配付しあとから回収することで、より多くの人に記入してもらいやすくなります。

このとき、**経営陣や管理者は活動の内容を見て褒めるなどフィードバックすることが効果を高めるコツ**になります。

[　コミットメントシート　]

日付	コメント	署名	フォロー	フォロー者
10月1日	方針と目標から、みんなの改善への思いと意気込みが感じられました。期待しています。	佐藤	メンバーでコメントを読み上げ、方針と目標の思いと意気込みを確認し合いました。	勝田
10月3日	全員、改善提案を出していて、全員参加の活動になっていることを確認できました。全員で協力し合うことと雰囲気づくりを大切にしてください。	山本	全員での協力が重要であることをミーティングで確認し合いました。	小山
10月5日	○○の改善内容は、たいへん独創的で、他の模範と言えるものだと思います。他部署にも是非紹介して広めてください。	森田	改善リーダーを集めて、個々によい改善案は紹介し合う相互レビュー会を定期的に行うことにしました。	半沢
		コミットメントシートは職場に掲示しておく。訪問者はコメントを自由に記入でき、職場のメンバーも内容をタイムリーに共有することができる。		

具体的行動

　A4用紙程度の大きさのコミットメントシートを職場に掲出し、改善活動の協調体制をつくる。

活動星取り表の活用で、職場のやる気が出る

●「自分もやらなきゃ」と思わせるツール

　改善活動を頑張っている人のプロセスを見える化し、やる気を後押しするツールに「**活動星取り表**」があります。

　このツールは縦軸を名前、横軸に日付を入れた、**目標に対しての日々の行動が一見してわかる表**です。これを職場に掲出し、計画どおりに行動している人にシールを貼ったり、印を付けます。日々の業務に追われ、つい怠け心が生じそうなとき、その心を奮い立たせるためにこの表をメンバーが見える場所に掲出します。**他のメンバーが頑張っていることをこの表で知ることで、「自分もがんばらなきゃ」とモチベーションを上げる効果**が期待できます。

　「活動星取り表」は貼り替えずにどんどん重ねて貼っていくことがポイントです。自分たちが毎日どれだけがんばってきたかの履歴がわかるようにするためです。

　なお、オフィス内に掲出するのではなく、エクセルシートなどでこの表を作成し共有フォルダに入れておけば、在宅勤務などでメンバー同士がなかなか容易に集まれなくても運用は可能です。エクセルシートならどんどんシートを増やしていっても場所をとりません。

［　活動星取り表　］

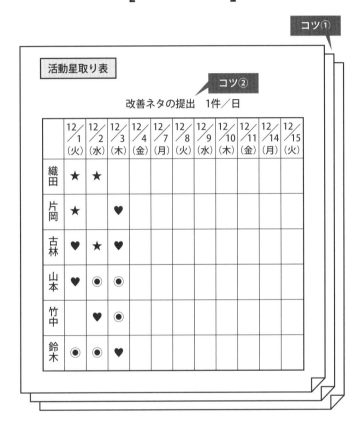

コツ①

活動星取り表

コツ②

改善ネタの提出　1件／日

	12／1(火)	12／2(水)	12／3(木)	12／4(金)	12／7(月)	12／8(火)	12／9(水)	12／10(木)	12／11(金)	12／14(月)	12／15(火)
織田	★	★									
片岡	★		♥								
古林	♥	★	♥								
山本	♥	◉	◉								
竹中		♥	◉								
鈴木	◉	◉	♥								

コツ①：毎月重ねって貼っていくことで、活動履歴がわかる。
コツ②：改善活動のテーマに対する「数値目標」を明記することで、
　　　　成果が定量的に確認できる。

具体的行動

　活動星取り表を作成し、メンバー個々の目標に対する活動を見える
化する。

ピースボードの活用で、褒めの職場に変わる

●褒めの職場がモチベーションを上げる

　個人の持つ知恵の多くはその人の中にしまい込まれ、何か仕組み化していないと職場内でなかなか共有されることがありません。とくにオフィスワークにおいてはメンバーそれぞれが個別の仕事があるため、他のメンバーがどのような手順・方法で業務を行っているのか見えにくくなっています。こうした状況ではメンバーがどんなアイデアを使って業務改善しているのかがわからず、"良い仕事"をしていても評価できません。

　そこで、人に感謝されたり褒められたりしたことをそのつどふせんに書き留め、「**ピースボード**」というシートに自分で貼り付けるように仕組み化しておくことで、メンバーの"良い仕事"が見える化し、共有できるようになります。

　そして、ふせんに書かれたことを朝礼やミーティングなど共有できる場で管理者やリーダーが発表し、内容によって"これはすごい!!"と"ナイスアイデア！"に振り分けます。こうして客観的な視点による**他のメンバーからの褒めによって、仕事における自分の長所に気づく**ことができ、**職場全体のモチベーションアップの効果**も期待できます。

[ピースボード]

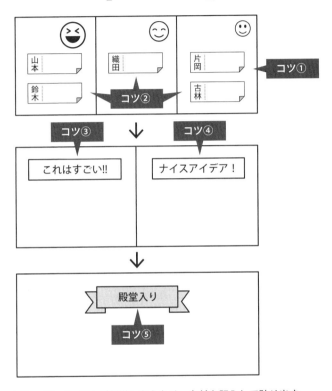

コツ①：メンバー同士が刺激しあうため、名前を記入して貼り出す。
コツ②：褒められ度を「大」「中」「小」で分ける。
コツ③：目からウロコ的なアイデアは、「これはすごい!!」に移す。
コツ④：それ以外は「ナイスアイデア！」に移す。
コツ⑤：全員が実施でき、習慣化されたアイデアは「殿堂入り」に移す。

具体的行動

　ピースボードをつくり、良い仕事に対しては褒めることを推奨する
職場の雰囲気にしていく。

職場の不満の解決で、ミスは少なくできる

●不満足チェックリストを使う

　仕事や職場環境に対する不満足とミスの発生率は比例関係にあります。不満が多い職場ほどミスの発生率は高くなります。不満が多いと就業マインドは下がり、「適当でいいや」という姿勢となり、これがミスを増やす要因の1つになります。

　たとえば人事評価が上司の好き嫌いに左右され、自分は上司から嫌われていると感じていたら職場への帰属意識を失います。これがひどくなるとわざとミスをして、上司に迷惑をかけようと考えるかもしれません。不満は放置せず、対話しながら解決するようにしましょう。

　就業マインドを高め、仕事への前向きな姿勢を醸成し維持するためには、メンバーが抱えている不平不満を明らかにすることから始めます。それには「不満足チェックリスト」を使って、物理的環境面、時間、人間関係、処遇などについて多面的かつ客観的に洗い出します。**1人がチェックするのではなく、メンバー全員で話し合い、みんなで検討することがポイント**になります。

　解決策についても共に話し合い、できないことを認め合うことも必要です。

[　不満足チェックリスト　]

No.	領域	項目	チェック
1	物理的環境	作業環境（空気の汚れ、におい、温度、明るさ、音、作業空間の広さ、レイアウトなど）について、不快感・圧迫感を解消する対策を行っている。	
2		長い時間職場で過ごす上で、必要不可欠な生活上の施設・設備を確保してある。	
3		継続した就労のために必要な範囲の疲労回復設備を確保してある。	
4	時間	長時間労働の対策として、限度を超えた時間外労働を削減するための投資や調整を行っている。	
5		時間帯および休日の偏りを解消する平準化計画を立案し調整を行っている。	
6		自由意思で、いつでも好きな時に有給休暇が取得しやすい風土づくりを行っている。	
7	人間関係	上司に対する信頼感を形成するための対策を行っている。	
8		部下に対するコミットメント意識を醸成するための対策を行っている。	
9		健全な競争意識と協業意識を形成するための対策を行っている。	
10	処遇・待遇	客観的かつ合理的な給与体系があり、開示されている。	
11		企業が任意に定める福利厚生の制度があり、一般的なものが整備されている。	
12		職種や所属について、要件と希望のミスマッチおよびギャップを解消する対策を行っている。	
13		客観的かつ合理的な評価基準があり、基準と評価結果が公開されている。	

具体的行動

　職場内で不満に思うことをみんなで洗い出し、みんなで解決策を話し合うことで就業マインドを高める。

不満の共有で、
職場の問題は減る

●**不満は人にではなく、不満そのものに向ける**

　職場内での不満が溜まっている状態では、ミスが発生しやすいと先述しました。ミスは生産性低下につながります。生産性が下がり続けると、不満の矛先を人に向けがちになります。こうなると職場内の雰囲気が一気に悪化します。

　その状態からの改善に使えるツールが「**不満解消ボード**」です。このツールは、縦軸にコストの大小、横軸に効果の大小を取った4象限をつくり、不満に思うことをふせん1枚に1つ書き出し、それがどの位置に値するものかを考えながら4象限の"不満の壁"に貼り付けていきます。そして、右上に貼られた「改善コストが小さく、改善効果が大きいもの」から改善を検討します。そこで選択した不満に対して、その原因から解決策を考え、その不満とは異なる色のふせんにその解決策を記入します。この2種類のふせんははじめに"実践中"に貼り、職場内で内容について検討し、半分の人が解消したら"あと一歩！"、全員が解消したら"解消"に移動させていきます。

　この仕組みの良いところは、**不満の対象を人ではなく不満そのものに促すことができる**ことです。

［　不満解消ボード　］

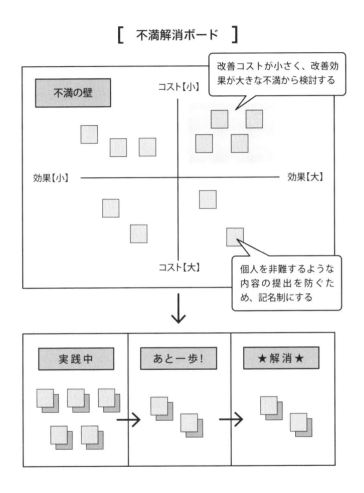

具体的行動

　職場内の不満を「不満解消ボード」に書き出し、その解決策をメンバーが共有しながら解決に向けて実行する。

自分の能力の見える化で、能力開発が進む

●セルフアセスメントでやる気を引き出す

　異動や新規プロジェクトでこれまで経験したことがない仕事に取り組むときにうまく対応できないと、自分の能力のなさに悲観する人がいます。未経験なのだから仕方ないことなのですが、これによるモチベーション低下は避けたいものです。

　その回避には、自分の能力を改めて考え直すことです。まず、今の仕事に必要なスキルや能力を明らかにすることから始めます。職場にスキルマップやスキル・能力項目があるならそれを利用するのもよいでしょう。そして、各項目について、どの程度のレベルなのかを評価します。

　自己診断では低い評価の項目に注目しがちですが、高い評価に着目します。その中で、さらに伸ばしたい項目を決め、実務の中でどのように活用するかを考えます。次に、自分の長所・短所を明らかにして、診断結果全体から他に強化すべきスキル・能力を決めます。これも**実務の中での活用イメージを思い描くことが能力開発のポイント**になります。

　自分の能力が見えないと不安が増すだけですが、見えることで具体的な対処法がわかり、モチベーションの元にもなります。

［　セルフアセスメントの項目例　］

> 回答者が選択しやすいように、「〜と思う／思わない」など主観で判断できる表現にする

セルフアセスメント

年　　月　　日

■以下の項目について、該当する選択肢の欄に○を付け、
　自己評価してください。
　A…とてもそう思う、B…そう思う、C…そう思わない
　D…全くそう思わない

所属：

氏名：

1. リーダーシップ

①あなたは、中期経営計画においてあなたのユニットが目指す姿を明確に描くことができる。 A B C D

②あなたは、あなたのユニットが目指す姿について部下と共有することができる。 A B C D

③あなたは、中期経営計画においてあなたのユニットが達成すべき目標を設定することができる。 A B C D

④あなたは、あなたのユニットの目標の達成状況を把握することができる。 A B C D

2. 社会的責任

①あなたは、中期経営計画の遂行において地域社会に与える可能性のある悪い影響に配慮できる。 A B C D

②あなたは、中期経営計画の実施において発生する不正を予測し、適切に対応できる。 A B C D

③あなたは、社会があなたの会社に求めていることを中期経営計画に反映することができる。 A B C D

3. 顧客・市場の理解と対応

①あなたは、あなたのユニットにとっての顧客を特定することができる。 A B C D

②あなたは、中期経営計画を実現するために必要となる市場情報を収集することができる。 A B C D

③あなたは、中期経営計画を実現するために収集した市場情報を有効に活用することができる。 A B C D

> 中心化傾向をさけるために偶数段階での評価にする

具体的行動

　会社独自のアセスメント項目やネットで公開されている自己診断テストなどを利用して、客観的な自己評価を行ってみる。

業務の過不足解消で、仕事のムラ気がなくなる

●仕事のムラ気＝業務遂行力の過不足

　仕事にムラ気があるとミスが出やすいものです。仕事のムラ気を生み出す原因の1つが業務遂行のムラ、つまり過不足です。

　たとえば、営業において資料送付先に電話をかけて商品説明をする際、自分の得意分野の業種の顧客につながったときだけ、業種固有の課題解決の方法などの過剰な説明をしてしまうというような場合です。その後の訪問による商品デモは標準的課題での説明事例しか用意できていなければ、固有課題の解決方法を顧客に見せることはできません。得意分野だからとついしゃべりすぎたことが、後の訪問を台無しにしてしまうというミスを引き起こしてしまうのです。

　そこで「**力の過不足見える化シート**」を使って、自分の業務遂行力の過不足を洗い出して見直してみましょう。**自分の業務プロセスについて、狙い、対象、方法、情報などを書き出して、そのプロセスに対する自分の力の過不足を整理**してみてください。狙い、対象、方法、情報などに照らして、強み・弱みの視点で自分のやり方が適正かどうかを考えてみてください。過不足があれば、どのように対応すべきかを整理し対策を考えましょう。

［　力の過不足見える化シート　］

		プロセス	自分の力の過不足
電話掛け	ねらい	顧客に、事務機器を取り扱っている会社として認知してもらう。	ソリューション営業のねらいの認識不足。モノ売りになっている。主に「ドキュメントソリューションの相談相手として認知してもらう」ための行動に変える。
	対象	コピー機等調達について決定権のある責任者。 ★コピー機等の切り替えを考えている人。	ターゲット顧客の認識不足。「ドキュメントに関する課題を抱えている人」が真のターゲット顧客。
	方法	テレマーケティング	
	情報	製品・サービスのラインナップ、会社紹介。	ねらいの認識不足により提供情報もズレがある。「ドキュメントソリューションのトレンド、共通課題、先進企業のドキュメントソリューション事例」など、顧客の知らない情報、プロフェッショナルを感じさせる情報を提供。

自身の業務プロセスのねらい、対象、方法、情報を記入

強み・弱みの視点で自分の力の過不足を洗い出す

具体的行動

　自分の業務遂行能力を客観的に見える化し、過不足があるものに対して対策を考える。

松井順一（まつい じゅんいち）

コンサルソーシング株式会社代表取締役。中小企業診断士、システムアナリスト、情報システム監査技術者。

アイシン精機株式会社にてABS等の新製品開発に従事。微小洩れ測定法開発にて科学技術長官賞を受賞。その後、社団法人中部産業連盟、トーマツコンサルティング株式会社、現職にて、トヨタ生産方式ベースの営業・管理間接・開発・サービス業務改善、製造ライン構築・現場改善、5S、目で見る管理、経営戦略のコンサルティングを行う。現地現物での実践重視の人づくりに定評がある。著書に『実践問題解決最強ツール37』『仕事の見える化99のしかけ』『仕事のミスをなくす99のしかけ』（日本能率協会マネジメントセンター）、『職場のかんばん方式トヨタ流改善術ストア管理』『職場のかんばん方式2トヨタ式人づくり改善塾』（日経BP社）などがある。

佐久間陽子（さくま ようこ）

コンサルソーシング株式会社コンサルタント。

教育系出版社にて、営業、事業戦略企画・管理、研修企画・運営等に従事。その後、教育サービス会社にて、校舎・講師マネジメント、指導等に従事。現職では、TPSベースの人づくりと5S・目で見る管理等の管理間接業務改善、改善ツール開発、事業戦略企画・管理、方針管理、次期経営幹部養成等のコンサルティング、研修を行う。eラーニングコンテンツ開発も行う。著書に『仕事の見える化99のしかけ』『営業の見える化99のしかけ』『オフィスの業務改善99のしかけ』（日本能率協会マネジメントセンター）がある。

オフィスの業務改善100の法則

2020年8月30日　初版第1刷発行

著　者——松井順一　佐久間陽子　© 2020 Junichi Matsui, Yoko Sakuma
発行者——張　士洛
発行所——日本能率協会マネジメントセンター
〒103-6009 東京都中央区日本橋2-7-1　東京日本橋タワー

TEL 03(6362)4339(編集)／03(6362)4558(販売)
FAX 03(3272)8128(編集)／03(3272)8127(販売)
http://www.jmam.co.jp/

装　丁——冨澤　崇（EBranch）
本文DTP——株式会社森の印刷屋
印刷所——広研印刷株式会社
製本所——ナショナル製本協同組合

ISBN 978-4-8207-2816-0 C2034
落丁・乱丁はおとりかえします。
PRINTED IN JAPAN